SOCIÉTÉ GÉNÉRALE D'ÉDUCATION ET D'ENSEIGNEMENT

A PARIS, RUE DES SAINTS-PÈRES, 63

DISCOURS

PRONONCÉS A L'OUVERTURE DES COURS

DE

L'ÉCOLE LIBRE

DES

HAUTES ÉTUDES

PRÉCÉDÉS DE LA

CONFÉRENCE FAITE AU CERCLE CATHOLIQUE DU LUXEMBOURG

le 22 janvier 1874

PAR

MGR DUPANLOUP, ÉVÊQUE D'ORLÉANS

SUR LA HAUTE ÉDUCATION DE LA JEUNESSE

Prix : 1 franc

PARIS

CHEZ CH. DOUNIOL ET Cie | AU SIÉGE DE LA SOCIÉTÉ

LIBRAIRES-ÉDITEURS | GÉNÉRALE D'ÉDUCATION

Rue de Tournon, 29 | Rue des Saints-Pères, 63

1874

CONSEIL DE LA SOCIÉTÉ :

Président : **M. Lé.. Cornudet**, ancien président de section au Conseil d'État, 162, rue de Rennes.

Président honoraire : **M. d'Ariste**, président du Conseil d'administration des Chemins de fer de l'Est.

Vice-Présidents : **MM. Ad. Baudon.**
— **Chesnelong**, député.
— **Vicomte de Melun**, ancien député.
— **L. C. Michel.**

Secrétaire général : **M. le comte Eugène de Germiny**, avocat à la Cour d'appel de Paris, 32, rue du Bac.

— Adjoints : **M. G. de Senneville**, auditeur à la Cour des comptes, 8, rue de l'Université.

Trésorier : **M. Ch. Hamel**, rue de Tournon, 29.

MM.

Audley, ancien professeur au collège de Juilly.

F. Beslay, avocat à la Cour d'appel de Paris.

Le F. **Calyxte**, assistant du Supérieur général des Frères des Écoles chrétiennes.

Connelly, conseiller à la Cour de cassation.

Delamarre, avocat à la Cour de Paris.

Anicet Digard, avocat à la Cour d'appel de Paris.

Ch. de Franqueville, maître des requêtes au Conseil d'État.

L'abbé d'Hulst, promoteur du diocèse de Paris.

Kolb-Bernard, député.

Mgr Langénieux, évêque de Tarbes.

Anatole Langlois, ancien auditeur au Conseil d'État.

Le R. P. **Laurent Lécuyer**, vicaire général du Tiers-Ordre enseignant de St-Dominique, prieur de l'école Albert-Legrand, à Arcueil.

Lecamus.

L. Lefébure, député, sous-secrétaire d'État au ministère des finances.

Le R. P. **Lescœur**, prêtre de l'Oratoire.

MM.

E. Massu, avocat à la Cour d'appel de Paris.

Le R. P. **Matignon**, de la Compagnie de Jésus, supérieur de la Maison de la rue de Sèvres, à Paris.

Merveilleux du Vignaux, premier président de la Cour d'appel de Poitiers.

Le comte **de Montessuy**, ancien ministre plénipotentiaire.

Le comte **de Mortemart.**

Le comte **de Moustier.**

Le R. P. **Picard**, supérieur des Religieux Augustins de l'Assomption, de Paris.

Le R. P. **Th. Ratisbonne**, supérieur de la congrégation de Notre-Dame de Sion.

A. Ravelet, avocat à la Cour d'appel de Paris.

Le comte **Anat. de Ségur**, conseiller d'État.

Sénart, conseiller à la Cour de Paris.

Tailhand, député.

L'abbé Thenon, supérieur de l'École des Carmes, ancien élève de l'École d'Athènes.

DISCOURS

PRONONCÉS

A L'OUVERTURE DES COURS

DE

L'ÉCOLE LIBRE DES HAUTES ÉTUDES

31, RUE DE MADAME

PARIS. — TYPOGRAPHIE LAHURE
9, Rue de Fleurus, 9

SOCIÉTÉ GÉNÉRALE D'ÉDUCATION ET D'ENSEIGNEMENT

A PARIS, RUE DES SAINTS-PÈRES, 63

DISCOURS

PRONONCÉS A L'OUVERTURE DES COURS

DE

L'ÉCOLE LIBRE

DES

HAUTES ÉTUDES

PRÉCÉDÉS DE LA

CONFÉRENCE FAITE AU CERCLE CATHOLIQUE DU LUXEMBOURG

le 22 janvier 1874

PAR

MGR DUPANLOUP, ÉVÊQUE D'ORLÉANS

SUR LA HAUTE ÉDUCATION DE LA JEUNESSE

PARIS

CHEZ CH. DOUNIOL ET Cie | AU SIÉGE DE LA SOCIÉTÉ
LIBRAIRES-ÉDITEURS | GÉNÉRALE D'ÉDUCATION
Rue de Tournon, 29 | Rue des Saints-Pères, 63

1874

NOTE PRÉLIMINAIRE

La réouverture des cours institués sous le titre d'ÉCOLE LIBRE
DES HAUTES ÉTUDES par la *Société générale d'Éducation et d'Enseignement* a eu lieu au mois de novembre. Pour annoncer cette
réouverture, la note suivante avait été communiquée aux journaux :

La *Société générale d'Éducation et d'Enseignement* continuera, à partir
du jeudi 13 de ce mois, l'œuvre commencée par elle, l'année dernière,
sous le titre d'*École libre des Hautes Études.*

L'année dernière, elle avait institué quatre cours ; elle en ouvrira six,
avec l'année qui va commencer, agrandissant ainsi peu à peu son œuvre,
et fidèle au programme qu'elle s'était tracé dans le rapport présenté au
nom de son conseil, à son assemblée générale du 19 mai dernier.

Ce programme consiste à devancer, dans les limites de la législation
existante, la liberté de l'enseignement supérieur, en attendant qu'elle soit
enfin décrétée avec toutes ses conséquences légitimes, et à offrir, dès à
présent, à l'élite de la jeunesse studieuse, — à celle qui ne se préoccupe pas
seulement des nécessités des examens, qui sent le besoin d'agrandir le
champ de ses connaissances et d'élever le niveau de son intelligence par
l'étude désintéressée de la grande science et de la grande littérature, —
un certain nombre de cours libres qui aient le mérite, quand il se pourra,
d'être consacrés à des sujets omis dans l'enseignement des Facultés de
l'État, et, en tout cas, celui de traiter les sujets étudiés ailleurs, non pas
seulement avec une érudition solide, mais particulièrement dans un esprit
d'étroite union de la science et de la foi.

Les six cours qui vont s'ouvrir sont les suivants :

1° *Cours de science sacrée*, par M. l'abbé d'Hulst, promoteur du diocèse
de Paris.

Tous les jeudis, à quatre heures et demie, à partir du 13 novembre.

Le professeur traitera de l'ordre surnaturel, dans sa possibilité, sa réalité, son économie, son essence, ses degrés, ses causes, ses applications.

2° *Cours d'histoire ecclésiastique*, par le R. P. Largent, de l'Oratoire.

Tous les vendredis, à quatre heures et demie, à partir du 14 novembre.

Le professeur étudiera, cette année, les dogmes de l'Incarnation et de la divinité de Jésus-Christ, dans l'histoire des trois premiers siècles.

3° *Cours de littérature*, par M. C. Huit, docteur ès lettres.

Tous les samedis, à quatre heures et demie, à partir du 15 novembre.

Le professeur traitera de l'éloquence judiciaire à Athènes et à Rome. Il se propose de tirer de l'étude de l'éloquence ancienne des règles et des préceptes applicables à la formation de l'orateur moderne.

4° *Cours d'introduction historique à la science du droit*, par M. Lelong, suppléant de M. Barthélemy Terrat, docteur en droit, professeur à la Faculté de Douai, qui avait inauguré ce cours l'année dernière.

Tous les lundis, à quatre heures et demie, à partir du 17 novembre.

Le professeur étudiera les origines du droit français ; il traitera particulièrement de la condition des personnes et du régime de la propriété.

5° *Cours de philosophie*, par le R. P. Bayonne, de l'ordre des Frères Prêcheurs.

Tous les mardis, à quatre heures et demie, à partir du 18 novembre.

Le professeur exposera la philosophie de saint Thomas d'Aquin, en regard de la philosophie moderne.

6° *Cours de science sociale*, par M. Antonin Rondelet, professeur de Faculté.

Tous les mercredis, à quatre heures et demie, à partir du 19 novembre.

Le professeur consacrera le cours de cette année à l'étude des questions ouvrières.

Le programme de trois de ces cours ayant pour objet des matières religieuses, a été soumis à S. G. Mgr l'Archevêque de Paris, qui a bien voulu l'approuver.

Outre les cours, les professeurs tiendront des conférences, suivant les besoins de leur enseignement. Ils résoudront dans ces conférences les objections qui leur seraient présentées, et donneront à leurs élèves des conseils pour la direction de leurs travaux.

Les cours auront lieu rue de Madame, 31, comme l'année dernière.

Droits d'inscription.

Une carte d'entrée à l'École libre des Hautes Études sera délivrée à toute personne qui en fera la demande au Secrétariat de la Société générale d'Éducation et d'Enseignement, à Paris, rue des Saints-Pères, 63, en joignant à sa demande la somme de vingt francs.

Cette carte donne le droit d'assister à tous les cours faits dans l'école pendant l'année scolaire 1873-1874.

Le programme détaillé des cours est remis ou envoyé à toutes les personnes qui en feront la demande.

Le Secrétariat est ouvert tous les jours, excepté le dimanche et les jours de fête, de onze heures à quatre heures.

Ce programme a été suivi de point en point.

Dès la première heure, nous avons pu constater que l'œuvre de la *Société d'Éducation* était dans une voie prospère ; non pas que les cours soient suivis par un très-grand nombre de jeunes gens, mais l'assiduité de ceux qui s'y rendent compose toujours un auditoire avide de recueillir les leçons des éminents professeurs, et par conséquent bien fait pour les encourager. Il ne manque à l'École libre des Hautes Études que d'être plus connue, car elle porte en soi tous les éléments de succès. On pourra en juger par la publication que nous faisons aujourd'hui des discours prononcés à l'ouverture de chacun des cours.

La remarquable conférence que Mgr Dupanloup, évêque d'Orléans, se rendant aux vœux et aux instances de la *Société d'Éducation*, a bien voulu faire le 22 janvier dernier au Cercle catholique du Luxembourg sur la Haute Éducation de la jeunesse, avait sa place marquée en tête de ce recueil, comme le maître a la sienne au-dessus de ses disciples. C'est la plus belle introduction que nous puissions ambitionner. Nous ne doutons pas que notre œuvre ne recueille le bénéfice du haut patronage que l'illustre Évêque daigne nous accorder, en voyant s'accroître le nombre des jeunes gens qui viennent recevoir les leçons de nos professeurs.

Nous ne saurions assez recommander aux pères de famille de contribuer à l'extension de l'École libre en y envoyant leurs enfants ; qu'ils apprennent que non loin de la nôtre, deux Écoles se sont établies, l'une dans un but plus ou moins indifférent à la religion, l'autre avec un programme entièrement protestant, et que ces Écoles comptent déjà beaucoup de jeunes auditeurs.

C'est un devoir pour les catholiques d'élever des chaires de vérité à côté du foyer de l'erreur, et il ne dépendra pas de nous que l'École libre des Hautes-Études ne se rende de plus en plus digne d'attirer les jeunes gens, dont l'âme est ouverte au vrai, au beau et au bien.

ENTRETIEN

SUR

LA HÀUTE ÉDUCATION

DE LA JEUNESSE

PAR

MONSEIGNEUR DUPANLOUP, ÉVÊQUE D'ORLÉANS.

(Conférence faite au Cercle catholique du Luxembourg le 22 janvier 1874.)

———————

Permettez-moi d'abord, Messieurs, de vous dire quelle consolation j'éprouve en me trouvant parmi vous : oui, il est doux de se voir au milieu de cœurs amis, qu'on sent battre à l'unisson et d'accord avec le sien pour toutes les grandes causes auxquelles on dévoue sa vie de concert avec eux, pour l'Église affligée, pour son Chef suprême indignement outragé, pour la France, pour ses malheurs, pour ses espérances. Se trouver d'accord sur toutes choses, non-seulement dans la joie, mais surtout dans la douleur, c'est une douceur amère, mais c'est encore, parmi les douceurs d'une vie qui en a si peu, une de celles auxquelles mon cœur attache, dans ce jour particulière-
: ent, le plus de prix.

Que vous dirai-je donc, Messieurs, et à vous aussi,

Mesdames, venues ici en si grand nombre, et à vous surtout, jeunes membres de ce Cercle catholique ? Je sens le besoin, tout d'abord, de justifier, si vous le voulez bien, le billet d'invitation qui vous a conviés ici, et qui m'a chargé moi-même de vous parler de la *haute éducation intellectuelle;* car enfin, si mes regards ne me trompent pas, il me semble que chacun de vous est assez incliné à me dire : « Quant à moi et à mon éducation, c'est chose faite, achevée depuis quelques années déjà, et parfaite, et je ne prévois pas ce que vous aurez à me dire sur un tel sujet. » Je regrette, Messieurs, d'avoir tout d'abord à vous contredire ici quelque peu. Laissez-moi vous l'affirmer : L'éducation est une œuvre d'une telle grandeur, qu'elle ne s'achève jamais, ici-bas du moins, et qu'il faut toujours y travailler; l'homme est d'une telle nature, d'une telle destinée, qu'il doit s'élever toujours ; il touche de si près, dès sa première origine et à son point de départ, à Dieu lui-même, que toute sa marche sur la terre, tout son élan doit tendre à le rapprocher constamment de Dieu, à l'élever jusqu'à Dieu. En un mot, la Vérité, la Beauté, la Bonté suprême, qui est Dieu, voilà l'idéal de la nature et de l'éducation humaine. C'est donc une œuvre, je le répète, qui ne s'achève jamais, et à laquelle il faut travailler toujours; et si vous me permettez de ne pas laisser en chemin cette grande idée de l'éducation humaine, je vous en dirai le dernier mot, le mot de l'énigme, si je puis ainsi parler, et tout le secret, qui est très-simple, et que je trouve dès la première page de nos saintes Écritures, et si je cherche bien jusqu'au bout, je trouverai que cette première parole de nos Saints Livres en est aussi la dernière, l'*alpha* et l'*oméga* de toutes choses, dés choses divines comme des choses humaines :

Cette parole, la voici : *L'homme a été fait et créé à l'image de Dieu, à l'image et à la ressemblance de Dieu;* voilà ce qui est écrit à la première page de la Bible; et ce que le livre révélé nous montre à sa dernière page aussi, Messieurs, c'est la grande image de l'humanité régénérée et sauvée par le Christ, ramenée à son origine qui est Dieu, et triomphant avec lui dans la gloire éternelle.

Oui, l'homme a été créé à l'image de Dieu; et si je suis ému en voyant, en ce moment, tout le feu de vos regards fixé vers moi, c'est que j'aperçois cette image divine briller à travers la flamme de vos yeux, et y resplendir avec ce je ne sais quoi d'heureux qui vient des dons du Ciel, qui n'est pas dans le commun des créatures matérielles les plus brillantes, qui est sur vous l'illumination de Dieu lui-même, et qui embellit d'un charme inexprimable le front de la jeunesse. Voilà ce que le Prince des Apôtres exprimait dans un langage d'une telle énergie qu'on y croirait à peine, si la révélation d'en haut la plus formelle ne se trouvait là : c'est par là, dit-il, que tous nous sommes appelés à devenir participants de la nature divine : « *divinæ consortes naturæ.* » Mais comment cela s'accomplit-il, Messieurs? Par un concours glorieux, par un vigoureux labeur, par le libre effort, par le grand travail de l'éducation personnelle, que nous nous devons à nous-mêmes, en même temps que nous la devons à Dieu. Voilà, Messieurs, ce qui justifie l'invitation qui nous a été faite, à vous et à moi.

Maintenant, il y a dans cette invitation un mot que j'a-

vais oublié : *la haute éducation intellectuelle* DE LA JEUNESSE.
La jeunesse, l'âge du travail, l'âge des efforts généreux,
l'âge des grandes inspirations, l'âge des élans quelquefois
indomptables vers le bien ! Et quand on peut ajouter,
comme ici, la jeunesse chrétienne, la jeunesse catholique,
c'est tout dire. C'est nommer l'âge des grandes œuvres,
l'âge des grandes affections, de ces amitiés pures, dont les
liens sont sacrés et qui par là même deviennent pour le cœur
de l'homme un remède de vie et d'immortalité, comme dit
quelque part l'Esprit Saint : « *Medicamentum vitæ et immor-
talitatis.* » Et ces amitiés, bénies de Dieu, sont, Messieurs,
un des biens les plus précieux que vous puissiez trouver
dans votre Cercle et dans vos réunions; c'est ce trésor des
amitiés fidèles, qui est si rare ici-bas, et dont Bossuet
disait qu'elles ne sont pas emportées par les années et
par les intérêts, ni troublées par les passions, mais qu'elles
vivent immortelles dans le cœur de l'homme ami de
Dieu, et qui, par là même, a mérité de trouver sur la
terre des amis qui l'aident à servir Dieu, et à marcher
de concert avec lui vers la vie éternelle.

Eh bien! Messieurs, cet âge est aussi l'âge du travail
courageux : je vous l'ai dit déjà, et j'ajoute maintenant que
ce travail c'est le grand moyen de la haute éducation intellectuelle. Vous le comprenez sans peine : cela est exprimé dans les termes mêmes dont on se sert pour rendre cette pensée.

Et la jeunesse est aussi, je suis heureux de le dire,
parce que je l'ai souvent expérimenté, la jeunesse est
l'âge des grands labeurs; l'âge des ardeurs les plus vives
pour l'étude, les plus puissantes, les plus efficaces. J'ai dit

encore ceci quelquefois, et cela est très-vrai : chaque année la moisson germe, sort de terre et s'élève; mais avant qu'elle jaunisse en épis dorés, et qu'on puisse en recueillir les fruits, il faut que le coup de soleil du mois de juillet soit venu mûrir les blés. Eh bien ! Messieurs, c'est dans la jeunesse, c'est à vingt ans que vient le coup du soleil divin qui fait mûrir dans les âmes les forces que Dieu y a cachées, et que s'épanouissent en fruits de vertu et d'intelligence toutes les belles et grandes sciences auxquelles vous dévouez vos études.

Mais, avant d'entrer dans les détails, laissez-moi, Messieurs, insister un instant sur le point de vue essentiel : ce qu'il faut bien comprendre, avant toute chose, c'est l'obligation sérieuse du travail. Je suppose que presque tous vous l'avez bien comprise ; mais, s'il y en avait quelques-uns qui ne l'eussent pas comprise encore, aujourd'hui je me reprocherais de vous avoir quittés et d'être descendu de cette estrade, sans vous avoir dit que, sur ce point, beaucoup de jeunes gens se font d'étranges illusions. On ne se croit pas rigoureusement obligé au travail, quand on n'en a pas un besoin impérieux, ce besoin banal, le besoin de l'existence vulgaire; et on ne sait pas qu'on en a un besoin plus profond, intime, sacré, on oublie qu'on doit le travail à son âme, avant de le devoir à sa vie de chaque jour. Eh bien ! Messieurs, ce que je veux dire, c'est que si vous êtes véritablement chrétiens, si vous êtes des jeunes gens religieux, avant tout vous devez avoir compris que le travail, comme la piété, sont les deux forces essentielles de votre âme ; et vous savez peut-être ce mot très-remarquable et très-profond de Mme Swetchine, et qui s'est trouvé bien justifié dans ma longue carrière, par l'expérience que j'ai faite de tant d'âmes que j'y ai aimées : c'est que la piété ne suffit pas à la vie, et que, sans le travail, elle est souvent trop vaine. Voilà ce qu'il faut bien entendre : le travail qui cultive, qui développe les facultés de l'âme, le travail qui nous fait rendre à Dieu la valeur et le profit des talents qu'il nous a confiés : voilà, Messieurs, une obligation sur laquelle j'ai rencontré, je dois le dire, des illusions étranges!... plus qu'étranges, déplorables. On se croit chrétien, et on ne fait rien, sur la terre, ni pour soi ni pour les autres! C'est là, Messieurs, déchirer à plaisir les pages les plus fortes, les plus solennelles de l'Évangile ! Notre Seigneur dit expressément : « *Posui vos, ut eatis, et fructum afferatis, et fructus vester maneat :* » qu'entend-il par là, sinon le travail, cette culture de l'intelligence et de l'âme, qui peut seule donner les fruits glorieux, les fruits utiles, les fruits nécessaires à la société chrétienne, et sans lesquels elle périt? car, s'il y a un mal aujourd'hui, mal radical parmi nous, ayons le courage de le dire, c'est que le travail est méprisé par ceux qui devraient le cultiver avec le plus d'ardeur. (*Applaudissements.*)

Eh bien! veuillez remarquer l'énergie des paroles de Notre Seigneur, que je vous rappelle : « *Posui vos !* » Je traduis mal, mais enfin vous comprendrez : « Je vous ai *posés !* » On dirait qu'on est *posé* pour se reposer, pour se tenir tranquille.... pas du tout! c'est pour marcher « *ut eatis :* » pour que vous alliez au travail : à la marche, à l'activité, à la vigueur, à l'énergie, au labeur ! Voilà, avant tout, le caractère du chrétien. Quiconque ne l'a pas compris, n'a rien compris dans sa vocation au christianisme, aux choses célestes et éternelles.

Notre Seigneur a dit encore cette autre parole que vous connaissez : « *Omnis arbor quæ non facit fructum bonum, excidetur, et in ignem mittetur* : Tout arbre qui ne portera pas de bons fruits, sera coupé, tranché par la racine, et jeté au feu. »

Vous me direz peut-être : Sans doute, il faut porter des fruits ; mais ce sont des fruits de vertu, des fruits moraux, des fruits de sagesse chrétienne ! Messieurs, cela est vrai, mais cela ne suffit pas : il faut faire valoir tous les talents, tous les dons qu'on a reçus de Dieu, de quelque nature qu'ils soient. Veuillez bien entendre que c'est là l'obligation impérieuse qui pèse sur chacun de nous. Nul n'a le droit de s'y soustraire. Vous avez peut-être reçu de Dieu les dons de la fortune : Est-ce à dire que vous ne devez pas faire votre journée, parce que vous avez été payés d'avance? (*Applaudissements.*) Ce serait une injustice et une indignité! Vous le comprenez sans peine.

Et veuillez bien remarquer ceci, Messieurs, dans l'immortelle parabole des talents reçus de Dieu et qu'il faut faire valoir : le serviteur inutile n'est pas condamné parce qu'il a dilapidé les dons, les talents reçus de Dieu; non, il est condamné et jeté dans les ténèbres extérieures, parce qu'il ne les a pas fait profiter. Nous sommes obligés de faire valoir! Et cette obligation, je dis que c'est ce qu'il y a de plus noble et de plus glorieux dans notre destinée. Dieu ne nous traite pas comme des êtres stériles, inféconds, inutiles à toutes choses, et desquels il n'y a rien à attendre; il veut que nous rendions des fruits qui le glorifient et qui nous honorent.

Vous vous souvenez tous de cette parabole : c'est une des pages de l'Évangile que jamais vous ne méditerez assez. Toutes les fois que vous êtes tentés de perdre une heure, je ne dis pas un jour, en votre vie, je dis une heure, il faut vous souvenir que vous en rendrez compte au Maître souverain, que Dieu vous demandera compte de cette heure-là même, du talent qu'il vous a donné et que vous deviez à cette heure-là faire valoir.

Voilà, sur la nécessité du travail, quelques réflexions que je confie à vos cœurs, à des cœurs chrétiens, et je vous demande d'y réfléchir, et même de convenir avec moi que cela exige de vous un règlement sérieux de votre vie et de vos journées. Ah! je l'ai dit bien souvent: si j'étais chargé de vous faire un règlement, vous ne vous coucheriez pas si tard que vous le faites ordinairement, et vous vous lèveriez beaucoup plus tôt! (*Rires.*) J'ai écrit quelque part qu'une nation qui ne se couche pas à dix heures du soir est une nation perdue. (*Rires et applaudissements.*) J'ai quelque grâce d'état pour vous parler ainsi.... Je me couche toujours à neuf heures.'... mais je me lève à quatre heures et demie. Quant à vous, sans vous en demander autant, je vous dirai du moins : Si vous ne trouvez pas moyen de placer dans votre matinée trois ou quatre heures de travail, vous ne pouvez aboutir à rien !

Maintenant, vous me demanderez que je parle d'une manière un peu plus positive et détaillée des travaux, des études que vous avez à faire, afin qu'elles soient de ces études pénétrantes, qui atteignent leur but, qui se font avec une vaillante application de l'esprit, et dont l'énergie, la vigueur viennent aussi du cœur, qui est le vrai foyer où se trouve l'amour de la vérité, de la beauté, de la bonté suprême.

Eh bien! Messieurs, parmi ces études, je vous en recommanderai deux; car le champ en est immense et on ne peut tout embrasser à la fois; deux avec et par-dessus toutes les autres. Parmi ces études, vous comptez les littératures anciennes et modernes, les langues, l'histoire, la philosophie, les sciences, l'esthétique, l'archéologie, les arts.... Vous savez tout cela aussi bien que moi.

Voilà bien des choses, Messieurs; et quant aux lettres, je vous dirai très-simplement, qu'ayant jeté un regard attentif et même avide sur quelques-uns de vos travaux qu'on a bien voulu mettre sous mes yeux, afin de me faire faire avec vous, par avance, une connaissance plus intime, j'ai vu, tout d'abord, qu'il se rencontrait parmi vous, je le dis avec vérité, et sans de vains compliments dont j'ai horreur, des maîtres dans l'art de bien dire, et même dans l'art de bien penser, car l'un ne va guère sans l'autre, vous le savez. Je n'ai donc pas à vous faire ici un vaste plan d'études, ni un discours recherché sur les choses dont je dois vous entretenir. Ce que j'ai peut-être de plus que vous ici, c'est le bénéfice de l'âge; ce que je vous apporte donc simplement, ce sont quelques conseils très-familiers, très-pratiques, les conseils de l'expérience, le seul bien qui vous manque, mais que vous acquerrez, parce que cette jeunesse si aimable et si vive qu'on vous reproche quelquefois, est malheureusement un défaut dont on se corrige tous les jours. (*Rires.*)

Eh bien donc! ce que je vous dirai, ce sont quelques conseils, très-vulgaires peut-être, et cependant parmi eux s'en trouvera-t-il quelques-uns qui seront utiles à votre vie intellectuelle et à votre avenir.

Parmi toutes ces études, il en est donc deux que je prendrai la liberté de vous recommander d'une façon toute particulière : c'est l'étude de la philosophie, et l'étude de la religion. Ces deux études sont fondamentales, et elles doivent se trouver au fond de toutes les autres : sans elles toutes les autres sont faibles; car, c'est l'étude de la philosophie, c'est l'étude de la religion qui fortifie, qui éclaire, qui soutient, qui illumine tout le reste.

Vous me direz peut-être tout d'abord : Très-bien, ce sont de grandes et belles études; mais enfin, du peu que vous venez de nous dire, il résulte que nous aurons et que nous avons déjà beaucoup à travailler, beaucoup à faire. Messieurs, je ne le nie pas; cela est vrai : il y a beaucoup à faire, beaucoup à travailler, si on veut élever l'intelligence et l'âme qu'on a reçues de Dieu, et les élever jusqu'à lui. Et c'est là précisément une preuve de plus de ce que je disais tout à l'heure sur l'impérieuse obligation du travail.

Parlons donc d'abord de la philosophie, car je me laisse trop entraîner dans ces exhortations qui, peut-être, ne sont pas nécessaires à tous ceux qui m'entendent. Quant à la philosophie, ce que je vais vous en dire vous étonnera peut-être, Messieurs : nous vivons dans un temps où la philosophie est étrangement abandonnée. Nous faisons, dans ce moment-ci, des efforts héroïques au Conseil supérieur pour la sauver en la dégageant des études moins importantes qui l'étouffent. En viendrons-nous à bout? Je l'espère; cependant je n'en suis pas sûr, parce qu'il nous faut trouver un écho intelligent et sympathique dans des âmes qui méprisent et dédaignent la philosophie;... mais enfin, cette philosophie, qu'est-elle? cette philosophie, dont les chrétiens même quelquefois ont dit du mal.—Qu'ils disent du mal de ce qui ne mérite pas le rom de philosophie, je le comprends; mais une des choses que je n'ai jamais comprises, c'est que les chrétiens et les catholiques aient quelquefois la naïveté de donner le nom de philosophie, comme on l'a fait au dix-huitième siècle, à ce qui est la négation de toute philosophie; comme on a appelé réforme le protestantisme; comme on appelle libéraux les gens qui persécutent l'Église, le Saint-Père, ainsi que cela se fait à l'heure qu'il est en Italie, en Allemagne, en Suisse, à Genève. Mais c'est absurde, Messieurs! (*Applaudissements.*) Conservons donc pour nous des noms qui nous appartiennent et ne les prodiguons pas à nos ennemis avec une simplicité qui vraiment (je ne veux pourtant pas me dire d'injure à moi-même en même temps qu'à vous) serait une sottise, et pire encore, si on se laissait aller à parler comme on pense! (*Rires.*)

Eh bien! la philosophie, demandez à Clément d'Alexandrie, à saint Grégoire de Nazianze, à saint Jean Chrysostome, à saint Augustin, à saint Anselme, à saint Thomas d'Aquin, ce qu'ils en pensaient. Vous seriez étonnés d'apprendre qu'il y a une philosophie dont ils étaient tous passionnément amoureux; une science philosophique qui ravissait leur âme, qui les élevait aux plus sublimes hauteurs, qui les rapprochait de Dieu, les unissait à Dieu, les faisait vivre de la vie de Dieu. Clément d'Alexandrie dit expressément que la philosophie, même chez les païens, avait aidé les Grecs « à pratiquer la justice », et que, depuis la venue de Notre Seigneur, elle aidait les « chrétiens à pratiquer la piété. » Voilà ce que dit expressément ce savant homme qui a jeté dans l'Église d'Alexandrie un si grand et si pur éclat. Et saint Augustin en fait aussi un éloge admirable. Vous pouvez trouver facilement ses paroles : « *Una est verissima philosophia.* Il y a une très-vraie et très-belle philosophie ; et c'est à elle, dit-il, que je veux désormais appliquer toute ma vie et toute mon existence. »

Oui, Messieurs, voilà la vérité : il y a une philosophie, dont l'origine est la plus illustre qui se puisse trouver, car c'est la lumière même de Dieu ; une philosophie dont l'objet est Dieu lui-même, c'est-à-dire les vérités éternelles et les œuvres divines ; une philosophie dont la certitude, du moins quant à ses principes fondamentaux, est telle que sans elle nul fondement ne 'reste à aucune foi, à aucune science, à aucune croyance sociale et religieuse ; une philosophie dont les maîtres ont été les princes de l'esprit humain, les plus belles intelligences que Dieu ait créées ; une philosophie dont le grand Maître, le Maître universel et incomparable, c'est Dieu lui-même.

Eh bien ! voilà la philosophie à laquelle je vous invite, la grande philosophie chrétienne ! C'est une philosophie pour laquelle vous avez, je viens de vous le dire, des maîtres admirables à suivre, à consulter, à étudier. Mais ce que je désire que vous remarquiez bien, parce que ceci est capable d'inspirer à de généreux esprits comme les vôtres un grand élan vers les études philosophiques, c'est que l'origine même, la patrie originelle de la philosophie, c'est la lumière de Dieu lui-même.

Il y a, Messieurs, une région de lumière, une région supérieure de lumière. Dieu habite cette région lumineuse : « *inhabitat lucem;* » il est toujours dans la lumière, dit l'Écriture : « *Ipse est in luce;* » la lumière est toujours avec lui : « *Lux cum eo est;* » il se nomme même le Dieu de lumière : « *Deus lucis;* » et enfin, il est la lumière même : « *Deus lux est;* » et vous vous souvenez tous de cette étonnante parole de Notre Seigneur, qui suffirait à elle seule pour révéler en lui le Dieu présent, le Dieu vivant, lorsqu'il disait, à la face même de ce beau soleil qui éclaire le monde, et qui pâlissait devant sa parole : « Je suis la lumière du monde ; *Ego sum lux mundi.* » Eh bien ! dans cette lumière que Dieu habite, il n'y a jamais une ombre de vicissitude, ni un obscurcissement possible ; il n'y a jamais de ténèbres : « *In eo tenebræ non sunt ullæ.* » Il est la lumière éternelle, immuable, infinie, incorruptible, souveraine, toujours rayonnante, et c'est dans ces rayonnantes régions de lumière que se trouve, comme je vous le disais, la patrie originelle de la philosophie ; c'est de là qu'elle descend, c'est de là qu'elle vient jusqu'à nous ; car, veuillez remarquer encore ceci : si le grand apôtre a dit quelque part que Dieu habite une lumière inaccessible, il n'a pas dit que cette lumière fût incommunicable, et Dieu aime à nous la communiquer. Oui, il se plaît à communiquer la lumière des vérités incréées et éternelles à l'homme, sa faible créature, parce qu'il a créé l'homme à son image et à sa ressemblance, et qu'il travaille lui-même perpétuellement à son éducation. Cette pauvre et fragile créature a pour premier précepteur, pour premier instituteur, Dieu lui-même, le Dieu de lumière. Sans doute, comme Leibnitz le disait admirablement, « Dieu est un océan de lumière dont nous ne recueillons que quelques gouttes; » mais ces gouttes sont toutes divines, elles suffisent à rafraîchir l'âme et en même temps à l'enflammer pour les choses divines et immortelles. Et cette parole de Leibnitz me rappelle une très-belle et très-gracieuse expression des saintes Écritures. Le prophète dit quelque part à Dieu : « Votre rosée, Seigneur, c'est une rosée de lumière : *Ros tuus, ros lucis.* »

Eh bien ! cette communication de la lumière que Dieu nous fait, il la fait de deux manières, et c'est ici que je vous prie de bien remarquer ce que je vais avoir l'honneur de vous dire. De deux manières : il y a, dit saint Thomas, l'ange de l'école, deux manières pour Dieu de nous communiquer sa lumière. En lui, la lumière est une, infinie; mais il nous la communique de deux façons différentes : par la raison et par la foi, par la philosophie et par la théologie; il la communique par le mode philosophique et par le mode théologique. Voilà pourquoi la raison et la foi, la philosophie et la religion ne devraient jamais se séparer : ce sont deux sœurs immortelles qui devraient toujours être d'accord et se soutenir l'une l'autre. Malheureusement l'orgueil humain rompt souvent cet accord.

Maintenant, vous trouvez peut-être que j'élève très-haut la raison? Eh bien! je vous prie de remarquer la définition qu'en donne l'ange de l'école, saint Thomas d'Aquin, le grand maître de la philosophie chrétienne, dont je vous ai déjà prononcé le nom et dont je suis heureux de voir ici les enfants et les disciples. Voici ce qu'il en dit : « *Ipsum naturale lumen rationis est participatio quædam divini luminis.* » Ainsi : la lumière naturelle de la raison.... Vous remarquez bien, il ne dit pas : la lumière surnaturelle, la lumière de la foi ; il dit : la lumière naturelle de la raison qui est en vous : « *Ipsum naturale lumen rationis est participatio quædam divini luminis.* » C'est une participation de la lumière divine, et cette lumière naturelle comme la lumière surnaturelle nous viennent toutes deux, dit l'apôtre, de celui qui est le Père de toute lumière : « *Descendens a patre luminum.* » Vous voyez là, dans ces quelques paroles, la hauteur, la dignité, la noblesse et en même temps l'utilité providentielle de la philosophie, dans les grands points de vue chrétiens que je me borne à vous indiquer ici ; car si on poursuivait tous ce discours et toutes ces pensées, ce serait un immense il sujet, y aurait à vous faire là un cours qui ne s'achèverait pas avec cette année. Cela me fait même penser que je ferais bien de mettre ma montre sur la table, pour ne pas abuser trop longtemps de votre attention. (*Rires.*)

Saint Thomas d'Aquin dit encore cette parole que je vous prie de bien remarquer : La raison est en nous, dit-il, « l'impression même de la lumière divine. » On ne peut pas trouver une expression plus énergique : « *Impressio divini luminis;* » et il ajoute, pour montrer à quel point cette divine lumière s'imprime en nous, s'identifie avec nous, devient notre raison, ou plutôt la crée, la fait, il ajoute : « C'est l'illustration de Dieu dans notre âme : *Illustratio Dei.* »

Vous me direz : Tout cela est très-beau ; mais où est cette philosophie-là, et qui peut l'enseigner ? Eh ! mon Dieu, je vous dirai simplement que j'ai connu des maîtres qui l'enseignaient de cette façon. (*Applaudissements.*) Je me souviens d'avoir visité le collége de Brugelette et le collége de Fribourg. On faisait à Brugelette deux années de philosophie régulièrement ; et ceux qui le désiraient, et j'en ai connu qui le désiraient, en faisaient une troisième ; et, par là, ils détenaient des hommes. Je sais bien qu'aujourd'hui, ah ! c'est bien difficile de trouver un jeune homme qui consente à faire, je ne dis pas deux et trois, mais même une seule année de philosophie, sérieusement ; parce que ce malheureux baccalauréat est là qui tue la philosophie et tous les philosophes. (*Applaudissements.*) Ce qu'il y a d'affreux, voyez-vous, quand on a dévoué sa vie à l'éducation de la jeunesse, c'est de rencontrer une multitude d'enfants, et même de jeunes gens, qui ont seize ans, dix-huit ans, qui font leurs classes et qui ne font pas leurs études ! deux choses fort différentes. (*Rires et applaudissements.*) J'en ai connu un qui était de cette sorte ; il avait fait sa cinquième, sa quatrième, sa troisième ; il avait un pupitre qui, naturellement, le précédait ou le suivait de classe en classe. Enfin, il arrive avec ce pupitre en rhétorique. C'était encore une année difficile à passer. Il la passe, et l'année suivante, on lui ouvre les portes de la classe de philosophie ; et alors il écrit à son père cette lettre merveilleuse : « Cher père, que vous allez être content de moi : mon pupitre est enfin en philosophie ! » (*Rires.*) Et cet excellent père lui répondit (ah ! il y a des choses très-extraordinaires dans l'affection paternelle,... et même maternelle) (*rires*) : « Eh bien ! mon ami, je suis bien content de toi ! Quand tu reviendras, je te donnerai un fusil de chasse ! » (*Rires.*) Voilà comme on fait des philosophes dans les temps où nous sommes !

Oh ! j'ai rencontré dans ce genre-là des choses extraordinaires ! Par exemple, je me souviens (il y a déjà un certain nombre d'années) d'un enfant que je tâchais de préparer à sa première communion et qui ne se préparait pas. Je ne sais pas si c'était ma faute ou la sienne, mais enfin la chose ne marchait point. Je fis venir son père ; c'était un ancien colonel de l'Empire. Devant son père, j'exhortai ce pauvre enfant. Le père était touché, et l'enfant finit par me faire quelques promesses ; et puis, tout d'un coup, son père se lève et lui dit avec enthousiasme : « Si tu fais bien ta première communion, je te donnerai un cheval ! »

C'est extraordinaire, ces choses-là ! (*Rires.*) Mais laissons là ces pauvretés et revenons à la philosophie.

Vous savez tous, Messieurs, de quoi se compose la philosophie. Vous avez la théodicée, la psychologie, la morale, la logique.

Voici ce que vous pouvez chercher dans ce travail :

Dieu donc d'abord, et ses œuvres :

L'homme, fait à l'image de Dieu ; son âme marquée de cette divine empreinte ; sa nature spirituelle, libre, immortelle, ses lois, sa destinée ;

Le Monde, créé aussi par Dieu, et dont Dieu a fait le palais de l'homme ; le monde et ses lois ;

En un mot, Dieu, l'Homme, le Monde et leurs rapports.

Ou, pour mieux dire, Dieu au commencement et Dieu à la fin de toutes choses : *Principium et finis, alpha et oméga* (Apoc., c. 1, v. 7); Dieu partout; tout venant de Dieu et tout remontant à Dieu; Dieu rayonnant dans toute idée, et au terme de toute question. Pour s'exprimer plus simplement encore : Dieu, et le côté divin de tout ce qui n'est pas lui, mais vient de lui et doit retourner à lui, voilà la grande science philosophique.

Écoutons ici, sur cette haute nature des questions philosophiques, deux grandes autorités, saint Paul et saint Thomas; saint Paul commenté par saint Thomas, et énumérant ainsi les vérités, objet de la philosophie :

« Et d'abord l'existence de Dieu, *Deum esse;* toutes ses perfections, ses profondeurs invisibles, *invisibilia ipsius;* sa puissance éternelle, *sempiterna quoque ejus virtus;* sa Divinité, *Divinitas;* sa providence, sa bonté, sa véracité, sa sagesse, sa justice, *cùm justitiam Dei cognovissent, non intellexerunt, quoniam qui talia agunt, digni sunt morte;* sa gloire incorruptible, *gloriam incorruptibilis Dei;* la loi naturelle et divine, *naturaliter ea quæ legis sunt faciunt;* irrécusable dans le cœur de l'homme, *ipsi sunt lex;* la loi morale, la conscience, son témoignage imprescriptible, ses inspirations, ses remords, *testimonium reddente conscientiâ ipsorum, et inter se invicem cogitationibus accusantibus, aut etiam defendentibus* (Rom., v. 7, 8, 9, 10); les châtiments et les récompenses, le culte et l'adoration dus à Dieu; et « toutes ces autres grandes vérités de même nature, que, « par la raison naturelle, dit saint Thomas, nous pouvons « connaître de Dieu, comme l'apôtre l'enseigne aux Ro- « mains : *Et alia hujusmodi quæ per rationem naturalem nota*

« *possunt esse de Deo, ut dicitur ad Romanos;* ces vérités,
« qui ont Dieu lui-même et les choses divines pour objet,
« continue ce grand docteur, et que la raison humaine peut
« atteindre et connaître par ses efforts. » Voilà les vérités
qui sont l'objet de l'enseignement philosophique.

Or, que la philosophie mette ainsi notre esprit en présence de l'immuable et de l'immortel, c'est ce que tous
les génies philosophiques enseignent. Écoutons encore
Bossuet, commentant lui-même ici Platon :

« Toutes ces vérités, et toutes celles que j'en déduis par
un raisonnement certain, subsistent indépendamment de
tous les temps : en quelque temps que je mette un entendement humain, il les connaîtra ; mais en les connaissant, il les trouvera vérités, il ne les fera pas telles ; car
ce ne sont pas nos connaissances qui font leur objet, elles
le supposent. Ainsi ces vérités subsistent devant tous les
siècles, et devant qu'il y ait eu un entendement humain ;
et quand tout ce qui se fait par les règles des proportions,
c'est-à-dire tout ce que je vois dans la nature serait détruit,
excepté moi, ces règles se conserveraient dans ma pensée. »
et je verrais clairement qu'elles seraient toujours bonnes
et toujours véritables, quand bien moi-même je serais détruit. » (*Connaissance de Dieu et de soi-même*, ch. iv, § 5.)

« Ces vérités éternelles, que nos idées représentent,
sont le vrai objet des sciences ; et c'est pourquoi, pour nous
rendre véritablement savants, Platon nous rappelle sans
cesse à ces idées, où se voit, non ce qui se forme, mais ce
qui est ; non ce qui s'engendre et se corrompt, non ce qui
se montre et passe aussitôt, ce qui se fait et se défait, mais
ce qui subsiste éternellement. C'est là ce monde intellectuel

que ce divin philosophe a mis dans l'esprit de Dieu, avant que le monde fût construit, et qui est le modèle immuable de ce grand ouvrage. Ce sont donc là ces idées simples, éternelles, immuables, ingénérables et incorruptible sauxquelles il nous renvoie pour entendre la vérité.... » (Bossuet, *Logique*, liv. I, ch. xxvii.)

Toute la lumière, toute la science philosophique, est renfermée dans ces autres admirables paroles de Bossuet, commentant le verset de saint Jean : *Erat lux vera quæ illuminat omnem hominem venientem in hunc mundum :*

« La vraie lumière, la lumière éternelle qui illumine tout homme venant en ce monde, c'est le soleil des intelligences ; tout œil, toute intelligence la voit, et ils ne verraient rien, s'ils ne la voyaient pas, puisque c'est par elle et à la faveur de ses purs rayons qu'ils voient toute chose : comme le soleil sensible éclaire tous les corps, de même ce soleil des esprits éclaire toute raison. Toutes les vérités, tous les premiers principes, toutes les idées, toutes les lois éternelles sont des rayons communiqués, fractionnés, reflétés de ce soleil divin. »

Mais il y a ici deux conseils très-vulgaires, soit pour l'étude de la philosophie, soit pour d'autres études, que je prends la liberté de vous offrir. J'espère que vous n'en serez pas offensés. C'est une digression peut-être ; mais nous causons, et dans une causerie les digressions sont permises, pourvu que là comme ailleurs, elles sortent du sujet, et y rentrent.

Le premier de ces conseils, qui est bien nécessaire à tout homme qui veut ordonner sa vie dans une méthode sérieuse et dans des études qui lui profitent ; eh bien ! je le dis pour l'étude de la philosophie surtout, et je le dis pour toute autre étude ; je n'en exclus rien, pas même la lecture des journaux (*rires*): ce grand conseil, c'est de savoir lire, et de lire comme il faut. Cela vous paraît peu de chose, Messieurs ? Eh bien ! ce n'est pas commun ! Il y a peu de gens qui sachent lire, soit pour les autres, soit surtout pour eux-mêmes. Je me souviens, quand j'arrivai à Paris, j'avais huit ans ; j'avais commencé mes études dans un petit collége, au milieu des montagnes, et on ne nous enseignait pas grand'chose ; mais enfin je croyais savoir lire. Quand j'arrivai à Paris, je fus tout étonné d'entendre dire que je ne savais pas lire, qu'il n'y avait dans ce grand Paris qu'un homme qui sût lire : c'était l'abbé Delille, membre de l'Académie française. Il savait lire pour les autres, et on l'employait à l'Académie à faire les lectures publiques. Mais ce que je vous demande, ce n'est pas seulement de savoir lire pour les autres, c'est de savoir lire pour vous-mêmes, c'est-à-dire de lire avec attention, de lire avec réflexion.

L'attention, vous savez le mot de Bossuet, c'est la force de l'âme. Toute âme inattentive dans une lecture.... c'est du temps perdu ! Vous aurez beau faire de la philosophie, étudier l'histoire, lire même un journal ; si vous n'êtes pas attentif, il ne vous en reste rien ! C'est l'attention qui est tout, dans le travail de l'esprit et dans l'éducation intellectuelle. C'est donc ce que je me permets de vous recommander très-particulièrement.

Et voici même un conseil précis et très-utile pour ceux d'entre vous qui consentiraient à le suivre. Je l'ai donné plusieurs fois, et je dois dire que les personnes qui le suivaient ont transformé leur vie; c'est un conseil très-simple : c'est de ne jamais lire un livre, d'abord sans le lire *jusqu'au bout*, sans l'achever, et ensuite sans le lire *la plume à la main, le crayon à la main*, soulignant ce qu'on lit, prenant des notes, résumant ce qu'on a lu; et puis, quand on a fini le volume, l'analyser, le synthétiser, le posséder. Veuillez remarquer ceci : il n'y a de vraies richesses que celles qu'on possède. Il en est de même pour les richesses intellectuelles : il n'y a que ce que possède votre esprit, que ce que vous avez conquis par l'attention sérieuse, par un jugement ferme et définitif sur les choses, que ce que vous avez fait vôtre par une telle réflexion, il n'y a que cela qui soit possédé par votre intelligence : c'est évident! Eh bien! veuillez remarquer qu'il n'y a presque personne qui lise comme cela. On lit souvent, et on n'achève pas le volume qu'on a commencé; ou on le lit rapidement, on n'y donne pas l'attention,... toujours nécessaire, quoi qu'on lise. Il faut bien choisir ses lectures, certes! Je suis d'avis, souverainement d'avis, qu'il faut choisir non-seulement de bons livres, c'est-à-dire des livres qui n'aient rien de mauvais en aucune façon, mais des livres où le bon sens, qui est le grand maître de la vie humaine, comme dit Bossuet, préside, et où la foi jette ses lumières. Et quand vous avez trouvé des livres de cette sorte, soit dans l'étude du droit, de la philosophie ou de toute autre étude, il faut *posséder* ces livres. Un seul livre bien lu vaut mieux, pour le développement intellectuel et pour l'éducation de l'homme, que mille volumes qui n'ont pas été lus comme il convient. Vous savez ce que disait saint Thomas, que je ne me lasse pas de citer : « *Ti-*

meo virum unius libri : Je crains un homme qui n'a jamais lu qu'un livre; » mais qui l'a lu de la façon que je viens de dire.

Ce n'est pas tout, Messieurs, il y a encore quelque chose qui est bien plus grand, bien plus utile que de lire et de bien lire : c'est de *relire.* Ce qu'on relit, voilà ce qui profite; et quand je songe à ce qu'est notre vie à tous, si rapide, si emportée par les années, par les événements, par les occupations, par les préoccupations, je dis : Quel malheur que la vie humaine, et surtout en France, soit si éparpillée, perdue de tant de façons ! On oublie tout ce qu'on a appris ! On apprend de nouvelles choses...., on les oublie encore; et de tout cela, que reste-t-il ? C'est le fleuve qui s'en va, ce sont les flots qui se poussent, et se ruinent les uns les autres !... Et puis enfin, il ne reste rien que quelques petites connaissances, quelques petits débris, qu'on a à peine sauvés du naufrage. Mais quant à faire valoir les dons de Dieu, et quant à lui rendre ce qu'il a donné, non ! on lui fait banqueroute ! Voilà ce qui arrive ! On ne lui rend pas ce qu'on a reçu de lui, ce qu'on lui doit.

Eh bien ! ce que je vous conseillerai donc pour les études philosophiques comme pour toutes les autres études, c'est de relire. Comment s'est faite votre éducation ? Elle s'est faite dans le commerce des plus grandes intelligences; vous avez vécu pendant sept, huit, dix années, comme je le disais tout à l'heure, avec les princes de l'esprit humain; avec les plus grands orateurs, les plus graves historiens, les poètes les plus aimables et les plus puissants.... enfin avec tout ce que l'antiquité, tout ce que les plus grands siècles de l'humanité, ont produit de plus grand et

de plus illustre ; et puis, qu'arrive-t-il, le lendemain du
jour où on a fini ce qu'on appelle ses études et son éducation, c'est-à-dire fini ce qu'on n'a pas encore commencé :
qu'arrive-t-il ? On laisse tout là, et on ne le revoit jamais ; c'est-à-dire qu'on néglige l'or, l'or pur, l'or véritable, la richesse de l'humanité, la richesse de l'âme ; on
néglige tout cela et on oublie tout cela ! Eh bien ! ce que
je conseille, c'est de relire. C'est encore un conseil
dont j'ai vu tirer grand profit. A votre place, j'au-
rais dans une bibliothèque tous mes livres classiques ; non
plus ces petits livres classiques sur lesquels vous avez
écrit des petits dessins ridicules. (*Rires.*) Je voudrais une
bibliothèque de livres classiques bien choisis, belle édition,
bien reliés ; et puis que vous mettiez dans votre règlement
de temps en temps une heure pour relire ces grands au-
teurs-là. De cela, vous tireriez un très-grand profit. Et
moins difficile que vous ne croyez sera cette seconde lecture ;
et avec combien de fruit et de charme les retrouveriez-vous,
ces anciens auteurs, ces incomparables génies ! et combien
de choses, que vous n'y aviez jamais soupçonnées peut-
être, vous y admireriez, y revenant éclairés, mûris par
l'âge ; les étudiant, non plus par fragments, mais dans leur
ensemble, en homme, non plus en enfant !

Il y en a parmi vous qui s'occupent du droit, et c'est un
très-grand nombre ; eh bien ! je vous dirai, pour l'étude
du droit, que si la philosophie ne vient pas vivifier cette
étude, vous n'en recueillerez pas grand profit. Il faut que
vous y joigniez les livres des grands jurisconsultes, de
Domat, de d'Aguesseau, de Pothier, de Grotius ; parmi les
modernes, de M. Troplong, qui a écrit sur le droit, et sur

l'influence du christianisme dans le droit, des livres si remarquables. Je ne nomme pas les vivants. Ce que je veux vous dire seulement, c'est de mêler la philosophie à l'étude du droit, c'est d'étudier le droit d'une manière philosophique : c'est de cette façon que vous relèverez cette étude dont j'entends dire souvent à ceux qui la pratiquent qu'elle est sèche, qu'elle est aride. Eh ! sans doute ; parce que vous n'y mettez aucune philosophie ! et c'est ce qu'il faudrait faire !

Maintenant, quant à la philosophie dont je vous parle en particulier, vous avez des maîtres admirables pour l'étudier. La France et le dix-septième siècle notamment ont enfanté des génies philosophiques de premier ordre. Dans ce moment-ci, un imprimeur célèbre, qui rend de très-grands services à la religion et aux lettres, M. Mame, vient de faire paraître, en huit volumes, tous les plus grands, tous les plus beaux écrits philosophiques et religieux des plus grands génies français et étrangers du dix-septième siècle. Eh bien ! je vous conseille de vous procurer quelques-uns de ces volumes : Bossuet, la *Connaissance de Dieu et de soi-même;* Fénelon, le *Traité de l'existence de Dieu* et ses *Lettres sur la philosophie et la religion;* Malebranche, qui était un des écrivains et des philosophes les plus aimables, les plus pénétrants qu'on puisse rencontrer ! Et je ne nomme pas Descartes, Pascal dans ses *Pensées,* Euler, Képler, Newton, Bacon, Leibnitz. Je voudrais que vous eussiez ces livres-là dans votre bibliothèque. Voilà qui charmerait votre esprit, qui rafraîchirait votre âme, et qui vous élèverait.

Nous avons eu aussi, même dans ce siècle, dans un

temps rapproché de nous ; nous avons eu des livres philosophiques très-importants. Ainsi, les livres du P. Gratry : la *Connaissance de Dieu*, la *Connaissance de l'âme*, sa
Logique, ses *Sources*, sont des ouvrages que je vous recommande et où vous trouveriez un grand charme, en même
temps qu'une grande lumière. Voilà, Messieurs, ce que je
me permets de vous recommander pour la philosophie.

Mais je vous ai dit aussi : l'étude de la religion. Vous
voyez que la philosophie dont je viens de parler est une
étude religieuse : c'est la philosophie chrétienne, et
je ne parle pas le moins du monde ici de la philosophie
séparée; je parle encore moins de cette philosophie détes-
table à laquelle on ne peut pas donner le nom de philosophie, sans en profaner indignement le nom. L'athéisme,
le matérialisme, le panthéisme, et j'ajoute le positivisme,
ne peuvent, comme le disait Fénelon, qu'inspirer le mépris
et l'horreur. Je parle de la philosophie chrétienne, qui a
tout illuminé, tout éclairé. Eh bien ! avec cette philosophie,
ce que je recommande le plus, c'est l'étude de la religion.
Ah ! Messieurs, c'est ici encore que, sans avoir aucun reproche à vous faire, je n'en ai pas le droit, je demeure
convaincu que c'est l'étude qui vous manque le plus. Je ne
doute pas que vous ne vous rendiez très-fidèlement à Notre
Dame pour recueillir les excellents enseignements qui vous
y sont offerts; mais cela ne suffit pas, cela ne suffit pas !
L'étude de la religion est une telle étude, si grande, si
élevée, si profonde, qu'il y faut donner dans le règlement
de sa vie des heures marquées. Il ne devrait pas y avoir
une seule de vos journées où l'étude de la religion n'ob-
tînt une place sérieuse avec un plan suivi; car, si on

commence, c'est là surtout qu'il faut suivre ce qu'on a commencé !

Un homme illustre, dont le nom vous est bien connu, Messieurs, le chancelier d'Aguesseau, mettait en première ligne, dans le plan qu'il traçait à son fils pour les études de toute sa vie, l'étude de la religion. « Je commencerai, dit-il, par ce qui regarde la Religion, dont l'étude doit être le fondement, le motif et la règle de toutes les autres. »

Et moi aussi, je vous dirai quant à l'étude de la religion, qu'elle vous est absolument nécessaire. Dussiez-vous négliger d'autres études, celle-là vous ne la pouvez pas négliger ; et j'ajouterai : cette seule étude peut, dans un certain sens et dans une certaine mesure, suppléer pour vous les autres, car en réalité elle les contient.

La littérature, en effet, la philosophie, l'histoire, et la plus riche littérature, la plus haute philosophie, l'histoire du plus grand intérêt, sont incluses dans l'étude de la religion. Oui, étudier sa religion, avec les grands esprits qui en ont traité, tels que Bossuet, Fénelon, Bourdaloue, Pascal, et d'autres encore, c'est s'ouvrir les plus grands horizons ; c'est appliquer sa pensée aux questions les plus belles et les plus hautes.

Cette seule étude pourrait occuper un homme toute sa vie ; elle pourrait au moins remplir, et de la manière la plus agréable et la plus utile, les heures de loisir : faite avec suite, elle suffirait pour donner à un esprit la culture et la valeur la plus élevée.

S'il y a, Messieurs, une chose qui parfois me contriste profondément, et m'alarme pour l'avenir religieux de ce pays et le salut éternel des âmes, c'est de voir le peu qu'on sait et le peu qu'on fait pour savoir sa religion.

Je ne craindrai pas de le dire pour l'avoir expérimenté trop souvent : il y a aujourd'hui, parmi nous, en matière de religion, une ignorance déplorable. Combien de fois n'ai-je pas rencontré, pour ma part, même chez des hommes très-instruits d'ailleurs, même chez des personnes chrétiennes et pratiquantes, de véritables profondeurs d'ignorance à cet endroit!

Vraiment, Messieurs, c'est une chose désastreuse que de voir à quel point la religion est ignorée parmi nous; je ne dis pas seulement par nos ennemis, c'est tout simple; mais ignorée même par les chrétiens. On ne connaît ni l'histoire de l'Église, ni l'histoire de la religion avant Notre Seigneur, ni la vie de Notre Seigneur. On n'a pas lu le saint Évangile, on n'a pas lu les Épîtres de saint Paul et des apôtres. Saint Jean Chrysostome s'en plaignait amèrement autrefois, et il reprochait aux fidèles de Constantinople d'être des chrétiens qui n'avaient pas lu les saintes Écritures. Eh bien! ce que je voudrais, c'est qu'il n'y eût pas un jeune chrétien parmi vous qui ne lût le Nouveau Testament, la Vie de Notre Seigneur, qui ne l'étudiât de près, qui n'en fît sa lecture du matin.

J'espère que vous ne rencontrerez pas sur votre chemin ce que j'ai rencontré sur le mien. O mon Dieu, les ignorances, les préjugés sont prodigieux, et même chez ceux qui ne sont pas précisément irréligieux ni ennemis du christianisme. Il m'est arrivé de publier des lettres dans lesquelles j'essayais de donner des conseils aux hommes du monde pour les études qui peuvent leur convenir. Je voulais écrire une ou deux lettres pour les jeunes militaires. Je m'adressai à deux officiers de l'armée française, très-distingués, que je savais très-studieux. Ce n'est pas le péché ordinaire de ces messieurs; mais enfin, ces deux-là me donnèrent des notes excellentes avec lesquelles je fis mes lettres. Je connaissais un général, homme d'ailleurs plein d'égards, et même de soins pour moi, et je voulus lui faire contrôler les avis que j'avais reçus de mes jeunes amis. L'un d'eux, dans ce qu'il avait écrit, avait indiqué qu'il fallait qu'un jeune officier en campagne eût une petite bibliothèque, et il indiquait sept ou huit petits volumes qui peuvent se trouver en petits exemplaires, et parmi eux se trouvaient nommés l'Imitation et le Nouveau Testament. Quand ce malheureux général arriva à ces deux volumes, il s'écria : « Monseigneur, pas de ces livres-là : ça amollit la jeunesse! » Voilà où il en était! J'ai entendu cela !

Et puis, quelques lignes plus bas, le jeune militaire ayant écrit qu'il fallait bien que l'officier eût quelque idée de.... Le général m'interrompt : « Non, Monseigneur, un officier n'a pas d'idée! »

Ce pauvre général était fort exceptionnel, je le crois.

Mon Dieu ! Messieurs, nous causons ici simplement entre nous; permettez-moi encore un souvenir. Je fus appelé un jour auprès d'un de mes diocésains pour essayer de le convertir. Par la grâce de Dieu, j'en suis venu à bout, mais vous allez voir à quel prix. C'était un bon militaire, encore de l'ancien Empire; il n'était pas jeune et je ne l'étais pas non plus (*rires*); mais enfin.... il avait une femme et une fille chrétiennes, très-chrétiennes, qui étaient désespérées de voir qu'il baissait chaque jour, et que bien-

tôt, peut-être, elles auraient le malheur de le perdre....
Et il n'était pas réconcilié avec Dieu! On me demanda d'y
travailler. Je le fis de mon mieux; et la première fois
qu'il consentit à me recevoir, quand je sortis, les deux
chères dames, très-zélées, croyaient que j'avais tout fini
d'un coup; et elles furent peu édifiées quand je dis : Mais
non, c'est à peine commencé! Et j'ajoutai : Écoutez : c'est
votre faute : il ne sait pas du tout ce qu'est la religion chrétienne; il faut que vous vous y employiez ainsi que moi. Il
a très-bonne volonté. Il faut lui enseigner sa religion. Voilà
un livre : *la Doctrine chrétienne* de Lhomond. (Encore un
livre admirable! C'est un simple volume que je ne recommanderai jamais assez. Lisez-le assidûment, Messieurs, vous
saurez votre religion.) Je leur dis : Apprenez-lui bien ce
qu'est la Pénitence et l'Eucharistie; moi je me réserve les
mystères : c'est plus difficile.... Et je n'y réussis pas beaucoup, comme vous allez le voir. Je tâcherai de lui apprendre ce qu'est la Trinité, l'Incarnation et la Rédemption. Je
travaillai pendant quelque temps. Au bout de trois semai-
nes, je crus avoir fini, et qu'enfin on pouvait lui donner
l'absolution et le faire communier.... Il était vraiment de
la meilleure volonté du monde; mais c'est une chose terrible que de n'avoir pas su sa religion, quand on pouvait
l'apprendre. Je dis à ces dames : Eh bien! je viendrai demain, je lui apporterai la sainte communion. J'y allai la
veille au soir, afin d'avoir le dernier mot. Je lui avais bien
expliqué ce que c'était que l'Eucharistie, ce que c'était que
la sainte Trinité, le Père, le Fils et le Saint-Esprit; je
croyais qu'il avait bien entendu tout cela.... Enfin, comme
je devais lui apporter la sainte Eucharistie le lendemain,

je lui dis : Demain vous aurez le bonheur de communier... Qui recevrez-vous dans la sainte communion? —
Il réfléchit un moment et me répond : Je préfère le Père !
(*Hilarité prolongée.*) Il était d'un certain âge : il crut qu'il
ferait mieux ses affaires avec le Père qu'avec le Fils ! Enfin je tâchai de lui expliquer la chose mieux que je ne l'a-
vais fait jusqu'alors. Mais vous voyez ce que c'est ! Dans
un homme de bonne volonté, même dans les hommes les
plus distingués, les plus éminents, des noms célèbres, illustres, ce que j'ai découvert d'ignorance de la religion,
c'est extraordinaire !

Et voilà pourquoi nous voyons tant de chrétiens mous,
faibles, flottants; et si peu de ces mâles et intrépides
chrétiens, enracinés et fondés dans la foi, comme disait
saint Paul; si peu de grandes âmes et de grandes vertus.

Et qu'on ne me parle pas de la foi du charbonnier.
Cette foi du charbonnier ne suffit pas au charbonnier lui-
même; il faut, lui aussi, qu'il connaisse, autant qu'il le
pourra, sa religion, et par conséquent qu'il s'instruise
autant que cela dépend de lui. La religion ne veut l'ignorance et l'aveuglement pour personne. Et vous qui n'êtes
pas charbonnier, qui avez l'esprit ouvert, cultivé, appliqué à tout le reste, et presque jamais à la religion, il est
évident que vous ne faites pas votre devoir.

Chose étrange! ce sont précisément ceux qui nous re-
prochent cette foi du charbonnier, et qui accusent nos
croyances d'être aveugles, ce sont eux que nous ne pouvons décider à étudier la religion et à s'éclairer.

Messieurs, se complaire dans les ténèbres, non de la
religion, mais de son ignorance, par pure paresse d'es-

prit, ou par mollesse de volonté, est aussi coupable que malheureux. C'est se priver de tout ce qu'il y a de plus consolant et de plus fortifiant dans la religion. Tous ces biens si précieux du croyant, le calme profond de l'âme, la sécurité dans la foi, la joie de ces grandes admirations que donnent les choses de Dieu, le bonheur de posséder la vérité, et de se sentir ici-bas en pleine lumière, le bonheur d'avoir, ce que si peu d'hommes ont en ce monde, une vie digne, gouvernée par des convictions et non par des habitudes, une vie sûre d'elle-même et de sa voie, voilà ce qu'ignoreront à jamais les hommes qui, sous prétexte de la foi du charbonnier, n'ont de la religion que l'écorce, et ne cherchent pas à la pénétrer par une connaissance approfondie.

Pour en arriver à la pratique, ne pouvant ici que toucher en courant le sommet des choses, je vous signale deux points de vue, tous deux aujourd'hui très-nécessaires, le point de vue apologétique et le point de vue dogmatique. Le point de vue apologétique, afin de fortifier sa conviction, sa foi, soit pour soi-même, soit dans l'intérêt de tant d'âmes ébranlées qu'on rencontre autour de soi, et dont on pourrait peut-être, si on connaissait mieux le fondement et les preuves de la religion, devenir l'apôtre et le sauveur. « .... Quiconque, disait encore d'Aguesseau, a bien médité les preuves de la religion, trouve qu'il est non-seulement plus sûr, mais plus facile de croire que de ne pas croire, et rend grâce à Dieu d'avoir bien voulu que la plus importante de toutes les vérités fût aussi la plus certaine, et qu'il ne fût pas plus possible de douter de la vérité de la religion chrétienne, qu'il l'est de douter qu'il y a eu un César ou un Alexandre. »

Le point de vue dogmatique, c'est-à-dire l'étude des dogmes eux-mêmes et de la morale du christianisme : vaste et belle étude, Messieurs, étude incomparable. C'est là que vous trouveriez la lumière, et à flots.

Maintenant, car je sens qu'il faut courir, parmi les livres qu'on peut vous conseiller pour l'étude dogmatique et pour l'étude apologétique de la religion, je nommerai les *Conférences* de M. Frayssinous, admirables de noblesse, de logique et de clarté ;

Les *Études philosophiques sur le christianisme*, de M. Nicolas ;

Les *Conférences* du P. de Ravignan et du P. Lacordaire ;

Le *Génie du christianisme*, surtout la quatrième partie sur les bienfaits du christianisme.

J'ajoute l'*Introduction philosophique à l'étude du christianisme*, de Mgr Affre, très-court et très-clair petit volume.

Balmès : son très-remarquable ouvrage sur le *Protestantisme et le Catholicisme* comparés.

Mais un conseil que j'oublie de vous donner, un simple conseil, très-simple, car je ne veux pas vous jeter dans la science, dans les Pères, dans l'exégèse, non ! Eh bien ! ayez un Bourdaloue ! Ayez simplement un Bourdaloue, une édition de Bourdaloue ; on en trouve une en quatre volumes. Prenez la résolution de lire, pendant dix ans, une fois par semaine, un sermon de Bourdaloue. Au bout de peu d'années, vous saurez votre religion parfaitement, parce que vous trouverez là quelque chose de si profond, si vrai, si substantiel, que vous en serez nourris, et vous deviendrez de vrais et excellents chrétiens, et vous saurez votre religion.

Je vous ai parlé de l'Écriture sainte. Quant à cette grande et sainte étude, on doit la faire avec un grand respect, et sous l'autorité d'une sage direction. Ce que je vous conseillerai simplement, c'est quelques bons livres, soit d'introduction, soit de commentaires : voilà ce qui peut suffire à un homme du monde pour l'étude des livres saints, avec l'Ancien et le Nouveau Testament, bonne et belle édition : il n'est pas indifférent qu'elle soit sur beau papier, avec des marges sur lesquelles on puisse au besoin écrire des notes.

La Bible de Carrières, à la fois texte latin et traduction française, avec les commentaires de Menochius au bas des pages, est excellente pour un homme du monde. M. l'abbé Drioux vient d'en faire, à l'usage tant des ecclésiastiques que des laïques, une nouvelle édition, en harmonie avec l'état actuel de la science et de la critique.

Et maintenant, Messieurs, pour achever tout ceci, et le résumer en quelques mots, je vous dirai : sans doute, il faut étudier pour les autres, pour la défense de la religion et pour l'apostolat; mais il faut aussi, et avant tout, étudier pour soi-même, et dans l'intérêt de sa vertu. Croyez-moi ! il n'y a que la foi éclairée qui soutienne le cœur; il faut bien savoir les vérités chrétiennes pour pratiquer les vertus chrétiennes, et pour résister au torrent de misères qui vous presse de toute part. Voilà pourquoi je vous conjure d'étudier votre religion, de lui donner une place dans votre vie, mais une place marquée, dans ce règlement.... O mon Dieu, si j'avais le bonheur de vous voir souvent, je vous demanderais un jour la permission de vous faire votre règlement.... Cela ne se peut pas ; mais du moins, faites-le vous-mêmes, et dans ce règlement placez la philosophie, placez-la comme une étude qui doit illuminer et fortifier toutes les autres, et placez l'étude de la religion comme l'étude supérieure, magnifique, qui fera de vous un grand chrétien, peut-être une grande âme, une belle âme, et voilà ce qu'il faudrait ! Les grandes âmes, les belles âmes, on les cherche, dans ce siècle, on ne les trouve pas ; on les appelle.... elles ne répondent pas ! Il y en a, cependant, mais elles ne répondent plus ! Pourquoi ? parce qu'il y a toutes les misères de la vie : il y a les études frivoles ; il y a la légèreté, la dissipation, l'étourderie, la vanité ; tout ce qui s'empare de ces pauvres âmes et qui les empêche de s'élever aux grandes choses ! Et cependant, Messieurs, nous en avons eu de ces grandes âmes ; j'en ai connu et il y en a eu d'admirables que vous avez connues vous-mêmes ; et il me suffit de les nommer, en achevant cet entretien. C'est avec elles que je voudrais vous voir vivre ! Leurs lettres ont été publiées : ainsi vous avez eu le P. de Ravignan, le P. Lacordaire, le P. Gratry, l'abbé Perreyve, M. de Montalembert, M. Cochin, Ozanam, l'admirable Ozanam ; tant d'autres que je pourrais vous nommer encore ! Dieu nous les a enlevés : c'est un immense malheur ! mais enfin vous les avez connus, et je dirai que ce qui reste d'eux est d'un prix rare ; quand je ne vous citerais que les lettres de cet admirable Flandrin, celles d'Ozanam, de Montalembert, et les lettres du P. Lacordaire et de l'abbé Perreyve. Ah ! quand je pense à ce que nous sommes devenus et où nous sommes tombés, après avoir eu devant nous de tels hommes!... Où en sommes-nous maintenant? A qui, à quoi sommes-nous réduits? Qui marche à notre tête, et quels sont ceux qui suivent, surtout? Nous avons eu une séve de vie chrétienne, une ardeur de zèle, une séve de générosité que je ne retrouve presque nulle part!... Enfin, je ne suis pas venu ici pour faire des lamentations, mais je voudrais être venu au moins pour avoir jeté dans vos âmes quelques semences fortes de vertu, de labeur, d'application généreuse, d'attention aux vrais devoirs de la vie; quelques nobles résolutions, quelque grand parti pris d'un travail sérieux, d'un travail réglé, d'un travail où l'étude de la philosophie vienne éclairer toutes vos autres études; où l'étude de la religion vienne vous sanctifier et faire de vous les grands chrétiens dont nous avons besoin, que l'Église demande à la France, et que la France, je ne dirai pas lui refuse, il y en a encore, mais ils ne sont pas assez nombreux, pas assez forts; ils n'ont plus la séve d'il y a vingt-cinq ans. Il faudrait une phalange pour marcher à la conquête du monde, et malheureusement la phalange n'y est plus! Cependant vous êtes ici nombreux, et c'est une phalange! Ce que je désire donc, c'est qu'une flamme circule parmi vous, qu'elle s'empare de vos âmes, qu'elle illumine vos cœurs, qu'elle embrase vos volontés, et que vous ne sortiez d'ici qu'avec la résolution généreuse de n'être pas des chrétiens vulgaires, mais des chrétiens courageux, capables de lutter pour le triomphe de toutes les grandes et saintes causes, et dignes des bénédictions du ciel et de la terre. (*Applaudissements.*)

Quand l'Évêque d'Orléans eut terminé, M. Léon Cornudet, ancien Président au Conseil d'État, président de la Société d'Éducation et d'Enseignement, lui a adressé, au nom de tous, en quelques paroles émues, un hommage de respect, d'admiration et de reconnaissance.

« Permettez-moi, Monseigneur, a-t-il dit, de vous remercier, au nom de cette jeunesse d'abord à qui ces grands enseignements étaient particulièrement adressés, et qui saura, je crois pouvoir l'affirmer, en tirer le plus grand profit ; au nom du Cercle catholique, si heureux et si fier de recevoir l'Évêque d'Orléans ; au nom de la Société générale d'Éducation, qui a obtenu cette belle conférence comme le meilleur encouragement à ses efforts ; au nom enfin de l'auditoire tout entier, si avide des belles et charmantes paroles qu'il a recueillies de votre bouche. »

« Vos dernières paroles, Monseigneur, ont rappelé à nos regrets et à notre amour des noms vénérés dont nous gardons pieusement la mémoire, et vous vous êtes écrié, avec une émotion que nous avons profondément partagée : « Qui marche aujourd'hui à notre tête ? » Ah ! laissez-moi, Monseigneur, répéter une réponse qui est sortie à l'instant du cœur et des lèvres de cette assemblée tout entière : Dieu nous a gardé l'Évêque d'Orléans, qu'il en soit béni ! Puisse la divine Providence conserver à notre tête de longues années encore ce vaillant défenseur de l'Église, ce maître respecté et chéri de nos âmes.

« Encore un mot, Monseigneur : pour consacrer les généreux enseignements qu'il vient de nous adresser, pour féconder les résolutions que nous avons prises en l'entendant, nous sollicitons une dernière faveur, la bénédic-

tion du grand Évêque qui vient de nous parler avec tant
d'éloquence. »

L'assemblée s'est associée à cet hommage par des applaudissements prolongés, et en se retirant l'Évêque d'Orléans a dû être touché des sentiments de vénération dont
il a été l'objet.

DISCOURS

PRONONCÉ À L'OUVERTURE DU COURS

DE SCIENCE SACRÉE

A L'ÉCOLE LIBRE DES HAUTES ÉTUDES

LE 14 NOVEMBRE 1873

Par M. l'abbé d'HULST, Promoteur du diocèse.

LA NOTION DU SURNATUREL.

L'année dernière, Messieurs, nous faisions un essai ; il s'agissait, pour ainsi dire, d'acclimater la théologie dans un milieu séculier. Pour donner à cet essai sa véritable portée, nous avons dû choisir comme objet de notre cours une sorte de *question-spécimen* qui pût fournir comme un type de la science théologique, tant au point de vue des matières qu'elle étudie qu'au point de vue des procédés qu'elle emploie. Notre choix s'est arrêté sur le dogme de l'Incarnation, que nous avons appelé, non sans raison, je crois, le point central de la science sacrée.

Certes, il nous resterait beaucoup à dire pour compléter cette étude ; mais avant de la pousser plus loin, nous sentons le besoin de revenir sur nos pas. Le désir de montrer tout d'abord la théologie à l'œuvre nous avait porté à nous jeter presque sans préambule dans le cœur du sujet ; *in medias res*. Aujourd'hui que la bienveillance de notre auditoire nous donne l'espoir de voir s'affermir et s'accroître l'œuvre d'abord timidement tentée, nous croirions manquer à nos devoirs envers lui, si nous négligions plus longtemps de poser les bases sur lesquelles doit s'élever l'édifice de la théologie.

L'année dernière, nous revendiquions pour la dogmatique chrétienne le nom de science, et le droit d'être traitée scientifiquement. Nous la définissions : *la science de la vérité révélée*. La révélation apparaît donc ici comme la source d'informations propre à la science sacrée. Toute science a pour point de départ un certain nombre de faits constatés suivant un mode particulier d'informations. La physique part des faits sensibles fournis par l'observation externe; la métaphysique part des faits psychologiques observés par le sens intime; la morale part des faits moraux attestés par la conscience; les mathématiques même, malgré la rigueur de leurs procédés, ont besoin d'invoquer à l'origine de leurs déductions certains *postulata* qui relèvent plutôt du bon sens que de l'évidence. Sur ces vérités, préalablement acquises, chacune des sciences dont il s'agit opère ensuite à l'aide des méthodes qui lui sont propres, appliquant tour à tour les différents procédés logiques, la déduction et l'induction, l'analyse et la synthèse. Il se peut que ces vérités, qui servent de point de départ, aient besoin à leur tour d'être démontrées; mais c'est là un travail préalable, antérieur à telle ou telle science déterminée, et qui appartient à cette science générale qu'on appelle la philosophie.

Si nous examinons la science sacrée sous cet aspect, que trouverons-nous au point de départ ? un certain nombre de vérités, les unes accessibles à la raison, les autres indémontrables et mystérieuses, mais attestées, les unes comme les autres, par un témoin *sui generis*, qui n'est pas telle ou telle faculté de l'homme, mais Dieu parlant à l'homme. C'est le grand fait de la *Révélation*, qui fournit à la théologie toute sa *matière*. Comment cette révélation parvient-elle à mon esprit, comment justifie-t-elle de ses titres de créance ? c'est là l'objet d'une science qui s'appelle la *démonstration* ou l'*apologétique* chrétienne : démonstration, si l'on regarde principalement la vérité pour l'établir; apologétique, si l'on regarde surtout l'erreur pour la combattre.

Cette science préliminaire a des procédés tout humains : elle demande à l'histoire des faits, à la métaphysique des principes, à la logique des conclusions. Des faits qu'elle recueille et qu'elle analyse, des principes qu'elle leur applique, elle tire enfin, par une déduction rationnelle, cette grande affirmation : *Dieu a parlé :* il a ouvert à l'esprit humain une source d'informations nouvelles; il a créé le code des *vérités révélées.*

Cette science préliminaire n'est pas notre objet dans ce cours.

Nous abordons cette science, qui survient alors que la révélation est acquise, qui s'empare des données fournies par elle et les soumet aux procédés scientifiques.

C'est là, proprement, la science sacrée, divine dans ses sources d'informations, humaine dans ses méthodes ; c'est de cette science que, l'année dernière, nous avons étudié un chapitre spécial, celui qui a pour objet le Verbe incarné.

Cette année, revenant au point de départ, nous voudrions l'envisager dans son ensemble, dans son objet général, dans ce qu'on pourrait appeler la *ratio theologica*, l'*essence théologique* des choses, je veux dire le *surnaturel.*

Le *surnaturel.* N'est-ce pas là un de ces mots qui sont comme des cris de guerre intellectuels? Ne suffit-il pas de le faire entendre pour provoquer des hostilités, pour diviser les esprits en deux camps adverses? Le sort de ces mots litigieux, c'est de n'être jamais prononcés avec calme, et, par conséquent, d'échapper comme fatalement au travail de la réflexion. Jamais peut-être on n'a autant parlé qu'aujourd'hui du surnaturel, et jamais on n'a plus complétement ignoré ce que ce nom recouvre. Notre premier devoir est donc de le définir. Nous le ferons tout d'abord par le côté extérieur, en comparant la notion du surnaturel aux notions qu'elle suppose et qu'elle dépasse, remettant à plus tard l'étude intrinsèque de cette réalité mystérieuse qui semble à la fois attirer les regards de l'homme et se dérober à sa vue.

Le surnaturel n'est pas un accident dans la création : il occupe une place, la place d'honneur, dans les œuvres de Dieu. Si donc on veut se mettre en état de le définir, il faut élargir les horizons de la pensée, pour embrasser dans son ensemble le plan général du monde, tel que le déroule à nos yeux la philosophie chrétienne.

Ce serait, en effet, une grande erreur de croire qu'on puisse greffer au hasard sur une philosophie quelconque le rejeton puissant de la science sacrée. Quand nos pères répétaient, après saint Anselme et saint Thomas, que la philosophie est la servante de la théologie, ils étaient fort loin d'humilier la philosophie, comme on le leur a si souvent reproché; — car ils s'empressaient d'ajouter que la fonction de cette illustre servante était de porter le flambeau devant la science maîtresse, formulant ainsi à l'avance, dans un gracieux et poétique langage, cette proposition que le Saint-Siége apostolique, gardien des vérités naturelles comme des vérités révélées, devait faire souscrire, au milieu de ce siècle, aux tenants du traditionalisme : *Usus rationis præcedit fidem.* Mais, en même temps qu'ils sauvegardaient les droits de la raison, ces grands penseurs du moyen âge énonçaient une vérité, trop souvent oubliée depuis, c'est qu'il n'y a pas d'erreur inoffensive; c'est que l'unité de l'esprit humain ne souffre point de division; c'est que vainement prétendrait-on demeurer orthodoxe en théologie, après avoir sacrifié en quelque chose à une philosophie sensualiste, ou panthéiste, ou idéaliste.

Il y a donc une philosophie chrétienne, c'est-à-dire une philosophie indépendante, sans doute, dans ses méthodes d'investigation [1], mais qui, par le bon usage du procédé rationnel, arrive à déterminer un certain nombre de principes, puis à les former en un tout parfaitement homogène, et prêt à recevoir le couronnement de la vérité révélée. A la place de cette philosophie, mettez-en une autre; alors même qu'à première vue vous

1. C'est un hommage que lui rend d'une manière éclatante un témoin non suspect. M. Cousin s'exprime ainsi dans un travail sur Abélard : « C'est dans la seconde époque de la philosophie scolastique que sont arrivées toutes les grandes questions et les grandes solutions, sous la double inspiration de la physique et de la métaphysique d'Aristote enfin connues et de la théologie chrétienne, interrogée avec une indépendance suffisante et une admirable intelligence. » (*Fragments philosophiques*, p. 271.)

n'y auriez découvert rien de contradictoire aux dogmes chrétiens, vous seriez bientôt rappelé à la réalité par l'impossibilité de superposer à cette base un enseignement théologique qui ne la trouverait point à sa mesure.

Pour aller jusqu'au bout de ma pensée sur ce sujet, je devrais, Messieurs, désigner par son nom le système philosophique qui peut revendiquer le titre glorieux de *philosophie chrétienne*. Mais alors je me sentirais arrêté, non par une incertitude (toute incertitude, à ce sujet, a cessé dans mon esprit), mais par une sorte de timidité. En effet, prendre parti, dans ce cas, pour tel ou tel système, n'est-ce pas excommunier de la philosophie chrétienne tous ceux qui ont suivi un autre étendard ? Par exemple, si je m'arrête à la philosophie d'Aristote, ne va-t-on pas me mettre en demeure de me prononcer sur certains Pères de l'Église qui ont paru se rapprocher de Platon; sur la grande école du dix-septième siècle qui, avec Bossuet, Fénelon, Malebranche, a suivi Descartes dans sa réaction contre la scolastique; sur ces maîtres éminents qui, au dix-neuvième siècle, ont cru pouvoir se contenter d'une philosophie de simple bon sens, et bâtir, sur le terrain étroit préparé par l'école écossaise, le brillant édifice de leurs démonstrations chrétiennes ? Et n'est-ce pas une témérité sans excuses, aussi bien qu'une noire ingratitude, de refuser à de tels défenseurs de la foi un brevet d'orthodoxie philosophique? Et cependant, Messieurs, maintenant que la question est posée, comment échapper à la nécessité de la résoudre? Je répondrai donc, avec le respect dû à tant de grands noms : Il y a eu parmi les chrétiens plusieurs écoles de philosophie, mais il n'y a qu'une philosophie chrétienne ; c'est celle que le plus grand génie de l'antiquité avait faite, et que le travail accumulé de huit siècles chrétiens a parfaito. L'époque patristique, qu'on chercherait vainement à mettre en opposition avec l'époque scolastique, a été pour cette philosophie une période d'incubation inconsciente. Les Pères des deux Églises orientale et occidentale ont concouru, avec des préoccupations différentes, à une œuvre commune. Les unes, plus jaloux d'exploiter, à la suite d'Origène, la mine philosophique de l'École d'Alexandrie, semblaient travailler pour le compte du platonisme; mais l'orthodoxie qui les guidait et les retenait au besoin, les rapprochait, presque à leur insu, du stagyrite. Les autres, plus soucieux de défendre et d'analyser la tradition apostolique, se voyaient ramenés, par la nécessité du sujet, à la métaphysique que leur foi austère avait paru mépriser d'abord. Les hérésies antitrinitaires, par leur acharnement à fausser le sens des termes, obligeaient les apologistes latins à rechercher des formules plus rigoureuses; et, bon gré, mal gré, ils allaient les demander au grand *définiteur* des termes ontologiques, à Aristote. Dès le cinquième siècle, en pleine Église latine, Boëce apparaissait comme le précurseur des scolastiques. Ce travail se poursuivait plus lentement à travers l'obscurité des septième, huitième, neuvième et dixième siècles; mais, alors même, la Providence en préparait les instruments dans les œuvres d'Aristote, traduites, commentées et mises en honneur par les Arabes. L'abus même qu'ils en faisaient contre les dogmes chrétiens ramenait forcément vers l'auteur de la *Métaphysique* l'attention des théologiens : des mains d'Avicenne et d'Averrhoës, le dépôt passait aux mains de Roscelin, de Guillaume de Champeaux et d'Abélard, mains plus hardies que sûres, mais chrétiennes déjà. C'est ainsi qu'au milieu des plus grandes erreurs, et en attendant les vrais initiateurs, Hugues de Saint-Victor et Pierre Lombard, l'étude ardente et passionnée d'Aristote préparait cette éclosion merveilleuse qui, de la *querelle des universaux*, fit sortir le péripatétisme chrétien.

Ainsi les Pères ne nous embarrasseront point : ils ont amassé les matériaux de la philosophie chrétienne. Les docteurs du moyen âge en ont trouvé la forme. Il n'y a pas là de contradiction. Et si maintenant la scolastique a partagé le sort de toutes les choses humaines; si, après les splendeurs du treizième siècle, elle a connu les subtilités du quatorzième; si ses propres excès l'ont conduite à la décadence; si les abus de la formule ont provoqué au seizième siècle une réaction non moins excessive; si Descartes est arrivé au dix-septième siècle pour exploiter cette réaction au profit d'une philosophie sans aïeux ; si Bossuet, Fénelon et Malebranche ont cru pouvoir le suivre dans cette voie, qui aurait dû pourtant sembler quelque peu suspecte à de tels organes de la tradition catholique, nous dirons, sans nous départir d'un profond sentiment de respect : Descartes fut un grand chrétien et un philosophe ; il ne fut pas un philosophe chrétien. Quant à ses illustres sectateurs, c'est par cette partie d'eux-mêmes qui n'entra jamais complétement dans le cadre cartésien ; c'est par ce vigoureux esprit théologique de la vieille Sorbonne qui combattait en eux l'influence de l'esprit novateur ; c'est par là, et par là seulement, qu'ils appartiennent à la philosophie chrétienne.

Enfin, en regard des travaux apologétiques de notre âge, nous mettrons les négations radicales de la philosophie séparées, la hardiesse croissante des systèmes, la confusion absolue des idées, l'impossibilité de s'entendre sur des axiomes pouvant servir de point de départ ; et nous demanderons s'il n'est pas temps d'opposer à cette marée montante de l'erreur, des principes philosophiques communs du moins à tous les défenseurs de la vérité révélée et faits pour s'harmoniser avec elle, en un mot les principes d'une philosophie chrétienne. Et nous répondrons que c'est là sans doute la nécessité la plus urgente du temps présent ; mais que seule, la philosophie d'Aristote, épurée, rajeunie, agrandie par nos pères, et qui ne demande qu'à s'épurer, à se rajeunir encore entre nos mains ; qu'à s'enrichir de tous les progrès des sciences, qu'à leur fournir le ferme appui de ses principes, tout en recevant d'elle le riche tribut de leurs découvertes ; que seule la philosophie d'Aristote, ainsi comprise et ainsi élargie, peut mériter le nom et jouer le rôle d'une philosophie chrétienne.

Mais ce n'est là qu'une excursion en dehors de nos frontières. Si quelqu'un me demandait raison de la partialité dont je viens de faire preuve en faveur d'un système, je le renverrais au cours de philosophie qu'un fils de saint Dominique et de saint Thomas d'Aquin va inaugurer dans trois jours ; la réponse se trouvera là, et cette réponse sera péremptoire.

Pour rentrer dans les limites de notre programme, nous devons restreindre le sens de ce mot : la philosophie chrétienne. Sans aller jusqu'à la nommer par son nom d'école, comme nous venons de nous le permettre, contentons-nous d'énoncer le minimum des exigences indispensables d'une philosophie qui veut rester chrétienne; nous nous efforcerons ensuite de tracer, conformément à ces exigences, le plan général de l'œuvre créatrice.

A la base de l'édifice, il faut placer l'idée du Dieu personnel; dégager avec soin cette notion essentielle, étrangère à toute la philosophie antique, obscurcie comme à dessein, de nos jours, par la philosophie séparée : je veux dire la notion de l'Infini Concret; de l'Être qui est tout en acte, qui possède en une seule fois toute l'intensité de l'Être, qui réalise en soi la synthèse, que dis-je, l'identification de l'essence et de l'existence, de l'idéal et du réel.

Cela fait, vous avez le vrai Dieu, le Dieu indépendant, absolu, parfait, éternel : tous ses attributs intrinsèques sortent de cette notion par voie de simple analyse; et ce n'est pas là, comme le voudrait Kant, une analyse purement logique, car l'idéal sur lequel elle opère est la plus concrète des réalités; mais en même temps vous voyez apparaître le pouvoir créateur, la *création ex nihilo*, cet autre *palladium* de l'orthodoxie philosophique. Car si Dieu n'a rien de commun avec la substance du monde, et si le monde n'est rien par soi, il reste qu'il devienne quelque chose par le vouloir de Dieu; et ce vouloir est libre, puisque Dieu était complet sans cet ouvrage; et ce vouloir est productif de substance et non pas seulement de forme.

Mais si le vouloir divin est libre, il n'est pas aveugle : la liberté qui exclut la nécessité, n'exclut pas l'intelligence, elle la suppose, au contraire. Or, l'intelligence n'intervient dans les affaires de la volonté que pour lui assigner une fin. A peine donc avons-nous reconnu en Dieu le pouvoir créateur, qu'il faut rechercher quelle fin il poursuit.

Cette fin est écrite dans l'œuvre elle-même.

Quel est en effet le caractère général de cette œuvre? C'est l'activité. Dieu n'a pas fait une œuvre inerte et stérile. Parcourez la création : le mouvement est partout, l'effort est incessant, la vie est en travail : chaque être est une force, une tendance ; toute créature a des besoins et des puissances ; le besoin appelle l'action, la puissance la réalise.

Si vous me demandez : Quelle est la fin de tel être ; pourquoi Dieu l'a-t-il créé ? Je vous répondrai : Interrogez son action ; tâchez d'y surprendre le secret de ses tendances ; si vous réussissez dans cette recherche, vous aurez résolu à son égard la question de finalité.

Si alors vous groupez ensemble toutes les observations faites sur les besoins et les puissances qui déterminent l'activité de cet être, vous aurez défini sa *nature*.

Si vous formulez le terme vers lequel tend cette activité, vous aurez assigné sa *fin naturelle*.

Dans ce travail d'observation analytique et de reconstruction synthétique, vous approcherez de la vérité dans la mesure de la connaissance que vous pourrez acquérir des besoins et des puissances de chaque être. Lorsqu'il s'agira des créatures qui tombent sous vos sens, vous serez arrêté par l'imperfection de l'instrument ; car l'observation externe ne vous fournit que des phénomènes, et c'est à l'induction qu'il vous faudra recourir pour deviner, par-dessous ces phénomènes, les secrets de l'activité intime des substances.

Lorsqu'il s'agira de vous-même, la conscience de votre vie sensitive, intellectuelle et morale vous portera plus avant et vous donnera une science plus intime de votre nature et de votre fin ; science toutefois qui se verra encore arrêtée par bien des obstacles, obscurcie par bien des mystères.

Et vous devrez convenir alors que Dieu seul, auteur des êtres, connaît adéquatement leur nature et leur fin.

Toutefois les notions incomplètes, acquises par le procédé que je viens d'indiquer, suffiront à vous donner une idée générale de la nature et de la fin de chaque être.

Si, maintenant, vous considérez les créatures non plus isolément, mais dans leur ensemble, dans le vaste réseau qui les unit par un échange incessant de relations multiples; si vous les regardez tout à la fois et dans l'effort individuel qui porte chacune vers sa fin particulière et immédiate, et dans l'effort collectif qui, par la subordination des fins secondaires aux fins supérieures, fait converger tant d'activités diverses vers un terme commun, voulu de Dieu, et servant de raison d'être au monde, vous aurez l'idée de l'*ordre naturel*.

Ainsi : la *nature* d'un être ce sera l'ensemble de ses besoins et de ses puissances.

Sa *fin* ce sera la satisfaction de ses besoins par l'exercice de ses puissances.

L'harmonie de toutes les natures particulières tendant, par la prise de possession de leurs fins propres, à la conquête d'une fin générale, ce sera l'*ordre naturel*.

Et maintenant Dieu peut-il faire quelque chose de plus?

Peut-il dire à un être : Voilà ce que réclament tes besoins : je te donnerai davantage. Voilà ce que peuvent atteindre tes puissances : je les rendrai capables d'une action plus haute ?

Dieu le peut-il? Qui osera le nier?

Ah! s'il s'agissait d'un être inconscient, dont l'activité serait renfermée dans le cercle des faits, je ne vois pas trop ce que viendrait faire en lui cette surélévation des besoins et des puissances. Quel gré la créature aveugle saurait-elle à son auteur d'un bien qu'elle est incapable de reconnaître? Si Dieu changeait la plante en animal, il y aurait une plante de moins, un animal de plus; il n'y aurait dans le monde ni plus de connaissance de Dieu, ni plus d'amour. Et Dieu pourtant ne sort de son repos que pour se faire connaître et se faire aimer!

Mais s'il s'agit de l'être moral, tout change, et j'entrevois des raisons merveilleuses pour motiver, de la part du Créateur, cette surprise de générosité à l'égard de sa créature.

Voilà l'homme, voilà l'ange constitués dans leur nature intelligente et libre : ils sont capables de chercher Dieu dans ses œuvres, de découvrir son existence, de proclamer ses droits, de reconnaître son amour. S'ils lui consacrent leur activité, s'ils tournent vers lui leur puissance et leur besoin d'aimer, ils seront heureux d'un bonheur naturel qui sera la satisfaction de leurs désirs.

Oui, mais cette intelligence, elle est capable de l'infini. Dans l'exercice même de ses facultés natives, elle sait franchir la région du fait pour atteindre l'idée, l'universel. Elle se prête par là à tous les agrandissements, à toutes les exaltations. Sans doute elle voit en ce moment tout ce qu'elle peut voir et elle aime tout ce qu'elle voit. Mais si Dieu déchire un voile et lui révèle un horizon nouveau; s'il découvre à ses yeux ravis tout un monde de beauté morale qu'elle n'aurait pas soupçonné; s'il l'admet à ses confidences divines et lui laisse plonger un regard audacieux dans le sanctuaire de son être incommunicable, l'âme, rendue capable, par une élévation de ses puissances, de cette connaissance élargie, de cet amour inespéré, de cette vie supérieure, l'âme, dis-je, n'a point perdu son identité; elle retient la conscience d'elle-même; elle peut comparer le nouvel état à l'ancien : elle mesure la distance qui sépare ses destinées acquises de ses destinées originelles : et si elle a été fidèle aux jours de l'épreuve, l'extase de reconnaissance et d'amour que cette vue provoque en elle sera l'occupation de son éternité.

Donc, Messieurs, il y a des raisons d'amour, pour que Dieu fasse en faveur de la créature intelligente cette addition inattendue à la somme des biens qu'il lui destine. Et parce qu'il n'y a jamais en Dieu de raisons d'impuissance pour combattre les desseins de l'amour, il se peut qu'il y ait pour certaines créatures une fin surnaturelle.

Il se peut que toute la création intellectuelle se trouve enveloppée dans cette largesse divine.

Il se peut qu'il y ait dans le monde un système ordonné de moyens providentiels pour conduire l'ensemble des créatures morales à une béatitude qui dépasse leur nature.

Voilà des possibilités merveilleuses que ma raison suffit à entrevoir.

Il y a déjà, dans cette seule conception, de quoi fonder *a priori* une distinction logique entre deux ordres, l'un naturel, l'autre surnaturel.

Et tandis que d'un regard hésitant et timide j'interroge les profondeurs de ce monde inconnu dont l'idée vient de m'apparaître, la Révélation survient, messagère de bonheur. Comme l'ange de Bethléem, elle dit à l'humanité : *Evangelizo vobis gaudium magnum*. Le *surnaturel* n'est plus un rêve : l'amour du Créateur a été le prendre dans les trésors de sa puissance, il l'a placé au sommet de ses ouvrages, il l'a projeté sur toute l'étendue de ses desseins, il en a rempli le temps et l'espace, il a fait, de ce qui semblait à peine possible, la plus haute, la plus vaste, la plus vivante des réalités.

Se trouverait-il quelque part un philosophe pour déclarer un tel objet indigne de nos études?

DISCOURS

PRONONCÉ A L'OUVERTURE DU

COURS D'HISTOIRE ECCLÉSIASTIQUE

A L'ÉCOLE LIBRE DES HAUTES ÉTUDES

LE 14 NOVEMBRE 1873

Par le P. AUGUSTIN LARGENT, de l'Oratoire.

Messieurs,

Le premier sentiment que j'éprouve, dans toute sa force et dans toute sa douceur, en paraissant au milieu de vous, c'est celui de la reconnaissance. En me confiant une chaire d'où ma faible voix pourra se faire entendre à un auditoire avide de vérité et de lumière; en me donnant pour collègues des hommes dont plusieurs me sont chers, et parmi lesquels j'aime surtout à saluer le prêtre éminent que se disputent la science sacrée et le gouvernement ecclésiastique, et qui, dans l'une et dans l'autre, porte l'assemblage heureux des dons les plus rares[1]; en me permettant enfin de travailler avec vous à une œuvre, essai timide encore, je l'avoue, mais essai courageux, et, si je l'ose dire, pierre d'attente d'une Université catholique et libre, vous me faites un honneur qui me touche profondément. Et je vous sais particulièrement gré de m'avoir appelé à l'enseignement de l'histoire ecclésiastique, laquelle est dès

---

1. M. l'abbé d'Hulst, promoteur du diocèse.

longtemps l'objet de mon goût le plus vif et de mes plus constantes études. C'est là, Messieurs, c'est dans ces régions sereines, où commence à s'exercer cette justice infaillible qui, à la fin des temps, jugera tout et mettra partout l'harmonie, que j'ai toujours aimé à retremper ma foi, à chercher pour mon âme des lumières, des consolations et des forces.

En effet, Messieurs, si l'histoire générale de l'humanité, si l'histoire spéciale de certains peuples, ont offert dans tous les temps, et surtout dans les temps troublés, une occupation salubre et un sûr asile aux esprits studieux, que n'aurai-je pas le droit de vous dire de l'histoire ecclésiastique, de sa capitale importance, du charme austère et de la lumière puissante qu'elle apporte à ceux qui savent en aborder les rivages et en explorer les richesses ? Cette histoire-là, plus encore que l'histoire profane dont elle est la raison d'être et la suprême explication ; plus encore que notre histoire de France si pleine des *gestes* de Dieu s'unissant à ceux de nos pères et leur communiquant une efficacité souveraine, elle est l'histoire commune de Dieu et de l'homme. Elle est, pour parler comme Mœlher, « la réalisation « dans le temps du plan éternel de Dieu, disposant l'homme, « par le Christ, au culte et à l'adoration qui sont dignes de la majesté du Créateur et de la liberté de la créature intelligente. » Cette histoire, c'est celle de la miséricorde qui, penchée sur la trace de ses fugitifs, *imminens dorso fugitivorum* [1], appelle au salut tous les peuples et toutes les âmes, lutte, avec un respect et des ménagements infinis [2], contre la liberté souvent récalcitrante de l'homme pécheur, et ne cesse d'offrir des lumières à son ignorance et des secours à sa faiblesse. Je n'ignore pas, Messieurs, les objections qu'on peut élever contre cette notion de l'histoire ecclésiastique ; je sais de quels doutes, de quels scandales et de quelles révoltes cette histoire a été et est encore l'occasion. La nature aussi est l'œuvre de Dieu, la Bible aussi et éminemment est l'œuvre de Dieu, et cependant, Messieurs,

---

1. Saint Augustin, *Confess.*, l. IV, ch. iv.
2. *Cum magna reverentia disponis nos.* Sap., xii, 18.

vous savez que l'homme a été chercher et a cru rencontrer dans la nature et dans la Bible des armes contre Dieu. Un poëte, méconnaissant l'amour et la sagesse qui se manifestent dans la création visible, a osé s'écrier :

Que l'œuvre des sept jours n'est que tentation.

Les traces du péché, trop apparentes dans ce monde, lui avaient caché les éclatants vestiges de la main divine ; triste vaincu de l'épreuve intellectuelle et de cette autre épreuve que la chair inflige à l'âme immortelle, il s'était troublé devant des problèmes douloureux, devant de sombres visions dont une plus ferme raison eût triomphé, et sans le savoir il avait répété le blasphème du Manichéisme antique. Et quant à la Bible, Messieurs, vous savez que si ses pages sont divines, ses pages brûlent parfois les mains qui y touchent sans respect et sans prudence ; que sur les sommets du livre divin, comme sur les sommets de l'Horeb, c'est avec une secrète terreur qu'il faut s'avancer ; que trop souvent des téméraires, se méprenant sur le sens de certains textes, et confondant avec l'action divine la libre action des hommes que nous racontent ces textes sincères et impassibles, ont prétendu justifier par la Bible même leur incrédulité et leurs blasphèmes. L'histoire ecclésiastique n'a pas échappé aux destinées de la nature et de la Bible ; les hommes qui y sont acteurs, y ont porté leurs faiblesses, leurs erreurs et leurs vices ; de quelques parties de cette histoire, M. de Maistre a pu dire, avec une éloquente audace[1] : « A la vue de « tant de folie, de ridicule et de fureur, la foi chancelle, le lec- « teur s'écrie plein de dégoût et d'indignation : *Pene moti sunt* « *pedes mei*[2]. »

Ces paroles, Messieurs, seraient la vérité, toute la triste et inexorable vérité, si dans l'histoire de l'Église il n'y avait que l'action des hommes, des hommes faillibles et pécheurs, si un

1. *Du Pape*, l. IV, ch. ix.
2. Ps. LXXII, 2.

autre élément n'y eût subsisté; si une action, autre que celle de l'homme, n'eût combattu l'erreur et le mal, et maintenu, dans la société des âmes, la vérité et la vertu. Cet élément, Messieurs, vous l'avez nommé, c'est l'élément divin; cette action, c'est l'action de Dieu.

Dieu est dans la nature; et quoique la chute primitive ait attristé ce monde, et en ait assombri certains aspects; quoique le péché en dispute l'empire au bien, et que, pour parler comme saint Paul[1], « toute créature gémisse et attende, dans le tra- « vail d'un mystérieux enfantement, sa délivrance finale, » cependant, Messieurs, les meilleurs et les plus sages penseurs, et le genre humain tout entier, ont reconnu et adoré, sous le voile transparent des lois souples et fécondes qui régissent l'univers, l'action d'une souveraine puissance et d'une sagesse bienfaisante. Dieu est dans la Bible, Messieurs; comme l'a dit admirablement le P. Lacordaire[2] : « Il est au champ « de Booz, derrière la fille de Noémi, comme il est à Babylone, « au festin de Balthazar... Il assiste Joseph dans sa prison, « comme il couronne Daniel dans la captivité. Les moindres dé- « tails de la famille et du désert, les noms, les lieux, les « choses, tout est plein de lui, et c'est dans une route de qua- « rante siècles, de l'Éden au Calvaire, de la justice perdue à « la justice recouvrée, qu'on suit de la sorte et pas à pas tous « les mouvements de sa tendresse et tous ceux de sa force. » De même, Messieurs, Dieu est dans l'histoire de l'Église. Il est dans les livres du Nouveau Testament qui nous montrent, majestueuse et douce, la figure du Verbe incarné, et qui nous racontent les origines de la société que Jésus était venu fonder. Il est dans les prodiges qui en signalent et en expliquent le premier établissement, dans ceux qui en assurent la durée. Dieu guide les Apôtres dans leurs courses à travers le monde, et les arme d'une puissance devant laquelle les passions humaines reculent ou se brisent. Il place sur les lèvres

1. Rom., VIII, 22.
2. *Deuxième lettre sur la vie chrétienne.*

de Justin et d'Athénagore, des apologies triomphantes ; il
descend avec les martyrs dans l'horreur des cachots, il les ac-
compagne au soleil brûlant du Colisée, il gravit avec eux les
échafauds et les bûchers ; il inspire à l'esclave Blandine, à la
patricienne Cécile, des paroles dont Augustin et Chrysostome
ne surpasseront pas l'éloquence.

Il est avec ces moines qui dans les Thébaïdes, dans les forêts
de la Gaule et de la Germanie, sur les grèves britanniques, partout où il y a des champs et des intelligences à défricher, attes-
tent, par leurs œuvres, l'efficacité puissante de la prière, du
travail et de la pénitence. Il enivre d'un amour sans mesure les
âmes vierges qu'il s'est choisies, qu'il entraîne sur des hauteurs
où elles se transfigurent dans la flamme d'un surnaturel holo-
causte. Dieu s'assoit au foyer des époux qui ressuscitent, dans
les âges chrétiens, l'antique églogue de Tobie, et mettent sous
la garde du Crucifix leurs chastes joies et leurs longues espérances.

L'action divine ne s'emprisonne pas dans les mystérieux re-
plis de l'âme humaine ni dans les bornes étroites de la famille ;
elle s'étend plus loin, elle embrasse les peuples comme les in-
dividus. Dieu fait luire le *labarum* aux regards de Constantin,
bénit l'épée de Charlemagne et le sceptre de saint Louis, groupe
sous la maternelle autorité de l'Église cette confédération vaste
et puissante qui s'est nommée la *Chrétienté*. Des vertus nouvelles, de nouveaux sentiments naissent de ce vieux limon humain
que la grâce a fécondé, et qui s'étonne de porter de pareils
fruits. Mais si, en dépit des obstacles soulevés par les passions
humaines, la sainteté et la grâce remplissent de leurs œuvres
toute l'histoire de l'Église, c'est que la vérité y règne avec un
empire souvent contesté, toujours victorieux. « Les grandes affections, » et par là même les œuvres qu'elles inspirent, « viennent de la raison, » a dit M. de Bonald ; dans l'Église, la vérité est
le principe de la vie ; la morale plonge ses racines dans le dogme
et y puise la sève qui les alimente, et j'aime à reconnaître dans ce
grand fait l'application d'une loi qui a sa raison dernière dans la
Trinité divine, où l'amour procède de l'intelligence. Aussi, Mes-

sieurs, est-ce avec un soin jaloux que Dieu a maintenu, au sein de l'Église, le trésor de la vérité. La prérogative de l'infaillibilité doctrinale accordée et au Pontife romain, et au corps des pasteurs unis entre eux et avec leur chef[1], n'a point permis que le dépôt précieux s'amoindrît, que les données divines qu'il contient se dispersassent; depuis le concile de Jérusalem jusqu'à celui du Vatican, depuis saint Paul qui, à la veille de consommer son apostolat par le martyre, adressait à Timothée cette parole : *Bonum depositum custodi per Spiritum Sanctum qui habitat in nobis*[2], jusqu'à Pie IX qui n'a cessé de présenter comme un dépôt la vérité catholique dont il est le gardien suprême et le suprême interprète[3], une même foi a toujours été affirmée, les mêmes dogmes ont toujours été proclamés; comme les œuvres de la sainteté, l'unité vivante et féconde de la doctrine a montré Dieu présent dans l'Église et dans l'histoire de l'Église.

Dans cette histoire, Messieurs, un lien étroit rattache les dogmes aux faits et les faits aux dogmes; prétendre isoler les uns des autres, serait une tentative insensée, condamnée d'avance à une irrémédiable stérilité. Toutefois, l'historien peut être plus particulièrement attiré vers l'un ou vers l'autre de ces deux éléments dont se compose l'histoire de l'Église. Ou bien, ce seront les faits qui exerceront sur lui un attrait dont je comprends le charme et la puissance; ou bien, sans dédaigner les faits, tout en accordant une attention respectueuse et justement émue à tant d'événements où Dieu et l'homme mêlent leur action, mais où Dieu a le dernier mot, il préférera à cette histoire une autre histoire, l'histoire des dogmes, laquelle, il faut le reconnaître, touche par bien des côtés à l'histoire des faits; l'histoire des luttes qu'on a livrées à ces dogmes, l'histoire des développements

1. «... Auctoritas magisterii universalis in Petro quidem ut visibili capite Eccle-
« siæ erat ordinaria, in ceteris Apostolis extraordinaria; si tamen spectentur in
« communi ut inter se et cum Petro uniuntur, authenticum magisterium univer-
« sale erat ordinarium cum habitudine ad successores in communi atque in unione
« inter se et cum successore Petri spectatos. » (R. P. Franzelin, S. J. *Tract. de divina Traditione*, Thes. v, 3.)
2. II Timoth., I, 14.
3. Voy. en particulier la lettre par laquelle le Souverain Pontife appelait les protestants au Concile de 1869.

qu'ils ont reçus, des victoires qu'ils ont remportées. C'est cette histoire, Messieurs, qui m'a attiré, et dont je veux faire, durant cette année, l'objet de nos communs entretiens. Mais ne pouvant embrasser, dans son ensemble, l'histoire de tous nos dogmes, j'ai cru qu'il était bon, qu'il était digne de notre courage et de notre foi, de concentrer nos études sur un point qui a l'honneur de provoquer et de supporter, à cette heure, les attaques de tous les ennemis du christianisme. Je vous convie à l'étude de l'histoire des dogmes de l'Incarnation et de la divinité de Jésus-Christ.

Dociles au conseil de l'Apôtre[1], qui nous recommande d'être toujours prêts à rendre raison de l'immortelle espérance qui vit en nous, désireux de vérifier pour nous-mêmes les titres inaltérables de notre croyance, nous étudierons dans ses sources scripturaires et traditionnelles, dans son développement à travers les trois premiers siècles du christianisme, ce grand dogme de *Dieu en chair*, mystère d'abaissement que saint Paul appelle aussi un mystère d'amour, *magnum pietatis sacramentum*[2], qui satisfait, en les dépassant, les plus hautes aspirations et jusqu'aux rêves les plus audacieux de l'âme humaine.

Ici, Messieurs, un doute se présentera peut-être à votre esprit ; peut-être m'adresserez-vous une question. Les dogmes, me direz-vous, ont-ils donc, comme les idées humaines, leurs développements, leurs progrès et partant leur histoire ? Ne sont-ils donc pas immuables, ou bien, écrit-on l'histoire de l'immuable ? Ce qui demeure a-t-il ses annales comme ce qui passe ? La révélation évangélique n'a-t-elle pas complété toutes celles qui l'avaient précédée et préparée ; l'Esprit Saint, en rappelant aux Apôtres tout ce que Jésus leur avait enseigné[3], en les instruisant de toute vérité[4], n'a-t-il pas dit à l'homme le dernier mot de Dieu, et fixé au firmament de l'Église les splendeurs d'un midi éternel ?

1. I Petr., III, 15.
2. I Tim., III, 16.
3. I Joan., XIV, 26.
4. Joan., XVI, 13.

Commençons par le dire bien haut, Messieurs, ce que nous nommons l'histoire des dogmes ne ressemble pas à l'histoire des doctrines ou des opinions humaines. Certaines hérésies primitives, le Montanisme, par exemple, avaient pu appeler de leurs vœux des révélations nouvelles, et saluer dans de faux prophètes de nouveaux révélateurs; renouvelées au moyen âge par des illuminés qui attendaient un nouvel Évangile et un troisième Testament[1], ces rêveries ont trouvé encore des adeptes dans les protestants du seizième et du dix-septième siècle, et presque dans ceux du nôtre[2]. Évidemment, pour des esprits de cette sorte, l'histoire des dogmes ne saurait signifier que l'histoire de révélations successives, destinées à compléter la révélation évangélique, et elle aurait nécessairement un sens hétérodoxe. D'autre part, en regard de ce faux mysticisme à qui la grande effusion du Cénacle ne suffit pas, se dresse le rationalisme qui méconnaît le caractère surnaturel des faits les plus incontestablement divins, et qui ne voit dans nos dogmes que des produits de la raison humaine, lesquels, vagues, indéterminés, imparfaits à leur origine, ont acquis peu à peu, sous l'action de causes diverses, leur forme et leur sens actuels.

Vous le savez, Messieurs, de même qu'on a prétendu écrire *comment les dogmes finissent*, l'on s'est aussi efforcé de raconter comment ils ont commencé, par quelle lente élaboration, par quelles additions successives ils sont arrivés au point où nous les voyons aujourd'hui. Lorsque les adhérents d'une telle doctrine parlent de l'histoire des dogmes, lorsqu'ils essayent de l'écrire, ils n'en ont et n'en peuvent donner qu'une notion radicalement fausse; dans leur pensée et sous leur plume, l'histoire des dogmes, c'est l'histoire des accessions étrangères, des accroissements profanes qu'a reçus l'idée chrétienne, confuse ou pauvre à son début, c'est l'histoire aussi des altérations et des éliminations qu'elle a consenti à subir.

Tel n'est pas, Messieurs, faut-il vous le dire? le sens que nous

<hr>

1. Les Fratricelles et les adhérents de l'*Évangile éternel*. Voy. N. Alex., *Histor. eccl.*, sœc. XIII et XIV, Ed. Roncaglia, Venet., 1778, t. VIII, p. 67 et 77.
2. Les anabaptistes, Swedenborg, les Irvingiens.

attachons à ces mots *histoire des dogmes*. Les Apôtres ont reçu,
dès l'origine, la connaissance pleine et parfaite de la vérité[1], et
cette vérité, ils l'ont déposée au sein de l'Église, comme dans
un riche trésor[2] où tous les âges sont venus puiser. Les Pères,
les conciles, les papes, ont affirmé l'immutabilité du dogme catholique, et repoussé avec un éloquent dédain, avec une autorité
souveraine, les additions, les changements, les transformations
qu'on voulait lui infliger. « Nous n'avons pas besoin de curio-
« sité après Jésus-Christ, disait Tertullien. Nous n'avons pas
« besoin de recherche après l'Évangile. Nous croyons, nous ne
« voulons rien croire au delà : ce que nous croyons d'abord,
« c'est qu'il n'y a rien de plus à croire[3]. » — « Nous n'avons rien
« à ajouter de nouveau à la foi, comme si quelque chose lui
« manquait, » disaient les Pères du concile de Chalcédoine[4]. Et cependant, Messieurs, que de fois les docteurs les plus orthodoxes
et les plus illustres ne nous ont-ils pas entretenus des progrès
de la doctrine ? « N'y aura-t-il donc dans l'Église du Christ au-
« cun progrès de la religion ? » se demandait saint Vincent de
Lérins[5] ; et vous n'ignorez pas la réponse qu'il fait à cette question : « Il y en aura, certes, et un très-grand. Qui donc est assez
« ennemi des hommes, assez haï de Dieu, pour s'efforcer de le
« nier[6] ? » Cette doctrine du progrès dogmatique au sein de l'É-
glise, Pie IX la proclamait dans sa bulle *Ineffabilis*, en indiquant
les phases qu'avait traversées la croyance traditionnelle de l'Immaculée Conception. Or, dès qu'il y a progrès, dès qu'il y a développements, il y a, Messieurs, lieu à l'histoire ; j'ai donc le
droit de vous entretenir de l'histoire des dogmes, j'ai donc le
droit d'essayer de vous la dérouler. Mais comment concilier les
docteurs qui vantent l'immutabilité des dogmes avec ceux qui
nous parlent de leur développement ? — et souvent, ce sont les

---

1. S. Iren., *Adv. Hœres*, l. III, ch. i, n° 1.
2. S. Iren., *Adv. Hœres*, l. III, ch. iv, n° 1.
3. *De Præscript.*, ch. VIII.
4. Conc. Chalc., *Adloc. ad Marc.*, Hard., *Coll.*, t. II, c. 646.
5. *Commonit.*, XXIII.
6. *Ibid.*

mêmes Pères, ce sont les mêmes écrivains ecclésiastiques qui
tiennent un langage si contraire en apparence; — comment concilier, dans la doctrine elle-même, ces deux lois de l'immutabilité
et du progrès, qui semblent mutuellement s'exclure?

Messieurs, si l'apôtre saint Paul a dit à Timothée, et en la personne de Timothée, à tous les pasteurs, et même, en un certain
sens, à tous les fidèles : *Depositum custodi* « garde le dépôt[1], »
l'apôtre saint Pierre a écrit cette autre parole: *Crescite.... in co-*
« *gnitione Domini nostri et Salvatoris Jesu-Christi.* « Croissez de
plus en plus.... dans la connaissance de Notre Seigneur et Sauveur Jésus-Christ[2]. » Ces deux paroles divines toutes les deux,
s'expliquent et s'éclairent l'une l'autre.

Oui, le dépôt est immuable et contient, du moins en substance, dès l'origine, toutes les vérités qui, jusqu'à la fin des
temps, doivent être proposées à la croyance des fidèles. Mais
si le fond de la doctrine, si ce que saint Irénée nomme la *substance* de la foi[3], ne change pas, la lumière que projette la doctrine
est susceptible de croître et de grandir. Elle a grandi, en effet,
par l'action de causes diverses, les unes bonnes, les autres mau-
vaises, qui toutes ont librement exécuté les desseins de Dieu.
Les hérésies ont contribué puissamment à ce progrès de la doctrine. Dans ce monde que nous habitons, monde mystérieux où
l'erreur et le péché s'étalent avec insolence et parfois même
semblent triompher, les attributs divins ne perdent jamais
leurs droits; souvent, ce qui étonne et scandalise les âmes faibles n'est que l'occasion d'une plus glorieuse manifesta-
tion de la vertu de l'homme et de la bonté de Dieu. Sans l'é-
preuve des persécutions, l'humanité chrétienne eût-elle su tout
ce que l'âme de Cyprien recélait de fermeté et de tendresse pas-
torales, tout ce qu'il y avait d'héroïsme joyeux et invincible dans
l'âme adolescente d'Agnès? Ne devons-nous pas aux crimes mêmes d'un David et d'un Saül la preuve la plus touchante, la
plus éclatante démonstration de la miséricorde divine qui les

1. 1 Tim., vi, 20.
2. II Petr., iii, 18.
3. *Advers. Hœres*, l. I, ch. x, 3.

à pardonnés ? De même que le mal, sans le vouloir et sans le savoir, sert la cause du bien, l'erreur sert la cause de la vérité.
L'hérésie, née presque en même temps que le christianisme, a
forcé, si je l'ose dire, la doctrine catholique à prendre plus
complétement conscience et possession d'elle-même. « O Sei-
« gneur, s'écriait l'un de ceux qui ont le mieux montré ce rôle en
« quelque sorte providentiel de l'hérésie, les disputes des héré-
« tiques font paraître dans un plus grand jour et comme dans
« un lieu plus éminent ce qu'enseigne votre Église, et ce
« qu'enseigne la saine doctrine [1]. » Et Bossuet qui cite ce passage
de saint Augustin, remarque que « Dieu ne permettrait pas les
« hérésies, s'il n'en voulait tirer cet avantage, lui qui ne permet
« le mal que pour procurer le bien par de justes et impénétra-
« bles conseils [2]. »

D'autres causes, Messieurs, causes bonnes et dignes d'éloges
celles-là, causes qui n'étaient pas, comme l'hérésie, des causes
purement occasionnelles, mais qui agissaient par leur propre
énergie, ont provoqué, ont amené le développement du dogme.
Je nommerai d'abord les travaux des docteurs.

Ces travaux, qui ont commencé presque avec l'Église, qui
n'ont jamais cessé, et qui ont eu des jours, des siècles mêmes
d'incomparable éclat, ont contribué, d'une manière souvent dé-
cisive, à l'éclaircissement de la doctrine, à la préparation des
décrets solennels qui l'ont promulguée. Je n'ai ni à dérouler
ni à célébrer ici ces travaux ; qu'il me suffise de vous rappeler,
à leur gloire, ces paroles d'un profond et mélodieux penseur :
« Les grandes œuvres philosophiques sont des œuvres de
« grandeur isolée ; l'œuvre théologique est un mouvement de
« totalité du vaste cœur et de l'immense esprit humain [3]. » Mais
la science seule, Messieurs, n'a pas eu part à ce grand travail ;
la prière, elle aussi, en a été un puissant instrument.

Le rationalisme peut sourire de cette assertion ; les chrétiens,

1. *Confess.*, l. VII, c. xix, n. 5. Passage traduit par Bossuet.
2. *Défense de la Tradition et des Saints Pères*, partie II, l. VI, ch. II.
   P. Gratry, *les Sources*, XVII, *la Théologie*.

et surtout les chrétiens versés dans l'histoire des saints, en re-
connaîtront la vérité, et béniront Dieu qui n'a pas voulu que le
développement doctrinal dépendît uniquement du travail et du
génie humains[1]. Sous l'action de ces causes diverses, et surtout
sous l'action de l'Esprit Saint, un triple progrès s'est accompli
dans l'Église : la langue théologique s'est formée, elle a gagné
en précision et en netteté ; les éléments constitutifs de la dogmatique chrétienne ont été mieux aperçus et mis en une plus
vive lumière ; enfin, l'intelligence catholique a pénétré plus profondément l'essence du dogme et en a mieux saisi les harmonies
et les beautés. A mesure que les siècles s'écoulent, le firmament
de l'Église dévoile de plus en plus les sphères qui le peuplent ;
le soleil de la vérité baigne de plus chauds rayons les intelligences ; et, comme le dit saint Grégoire le Grand, « les routes
« de l'éternelle science s'élargissent devant nous[2]. »

J'ai dit, Messieurs, que, dans le cours des siècles, la langue
destinée à formuler la doctrine a acquis plus de précision et de
netteté. Des termes nouveaux ont entouré les dogmes antiques
d'une clarté plus vive et d'un plus inexpugnable rempart. C'est
ainsi, Messieurs, que l'Église a opposé à Arius l'*homoousios* ou
consubstantiel ; à Nestorius le *theotocos*, expression authentique
de sa foi à l'unité de la personne du Sauveur et à la maternité
divine de Marie ; aux hérésies qui niaient ou altéraient le dogme
intégral de la présence réelle du Christ sous les apparences
eucharistiques, le mot de *transsubstantiation*. Et encore, Messieurs,
ces termes, qu'on peut appeler nouveaux, en ce sens que l'É-

1. « Scitum est illud Augustini, » dit le P. Petau (de *Incarnatione*, l. XIV, ch. II,
n. 11), « singulorum mentibus revelari quædam à Deo, non solum cum extraordi-
« nariis modis ; velut visis et ostensis, et hujusmodi significationibus occultum ali-
« quid innotescit ; verum etiam usitatis rationibus ; quando quod ignotum erat, vel
« orantibus, ac pulsantibus, vel aliud agentibus aperitur. »

2. « .... Quanto mundus ad extremitatem ducitur, tanto nobis æternæ scientiæ
« aditus largius aperitur. » (In Ezech., l. II, hom. IV, al. 16, n. 12.) C'est le même
Père, homme positif et d'une si calme raison, qui a dit encore : « Urgente etenim
« mundi fine, superna scientia proficit, et largius cum tempore excrescit, » (*Moral.*, l. IX, ch. VI) ; et l'Église, en insérant ce passage dans le Bréviaire romain,
aux leçons des docteurs (troisième nocturne), a montré qu'elle y reconnaissait sa
doctrine.

criture ne les contient pas, et que dans les premiers temps ils n'étaient ni connus ni employés par tous, ces termes cependant ne dataient pas de la veille, quand l'Église les a inscrits dans ses symboles. « Lorsqu'elle emploie une expression nou- « velle pour proclamer plus formellement un de ses dogmes, a « dit Mgr Ginoulhiac, archevêque de Lyon, elle ne l'invente pas au « moment même, elle ne la crée pas. Cette expression était née « comme naturellement dans son sein et y avait été reçue; elle « l'adopte donc, elle la consacre, elle l'impose à ses enfants[1]. » L'Église, Messieurs, est une société profondément traditionnelle; c'est dans le glorieux et inamissible héritage de ses Pères qu'elle aime à prendre, l'histoire le démontre, non-seulement ses dog- mes, mais encore les formules qui les expriment.

Ce n'est pas seulement l'expression du dogme qui a gagné en précision et en clarté; la doctrine elle-même a été mieux con- nue; une analyse plus délicate a pénétré dans les éléments qui la composent; ces éléments ont été successivement l'objet d'en- seignements plus explicites, et parfois de définitions solen- nelles.

Certes, Messieurs, lorsque l'eunuque de Candace disait au diacre Philippe : « Voici de l'eau, qui m'empêche d'être baptisé?... « Je crois que Jésus-Christ est le Fils de Dieu[2]; » lorsque les chré- tiens des premiers âges répétaient ces courts symboles qui leur avaient été donnés comme le sommaire de leur croyance, et comme le signe de ralliement qui les distinguait des infidèles et des hérétiques, ces chrétiens primitifs n'avaient pas une foi différente de la nôtre. Comme nous, ils croyaient en un Dieu dont le Fils s'est incarné par amour, et dont l'Esprit était des- cendu dans leurs âmes, pour en dissiper les ténèbres, pour en consumer les souillures. Ils croyaient à la chute de l'humanité en Adam, à sa réparation en Jésus-Christ. Unanimes, comme ils l'étaient, à « persévérer dans la doctrine des Apôtres, dans la

1. *Histoire du dogme catholique pendant les trois premiers siècles de l'Église et jusqu'au Concile de Nicée*, Introduction, VI.
2. *Act. Ap.*, VIII, 36, 37.

« communion de la fraction du pain.... [1] » ils attestaient, par des actes de tous les jours, leur foi à cet organisme surnaturel, à cet ensemble de moyens divins, l'Église, la Grâce, les Sacrements, qui transmettent aux âmes la vérité et la vie. Et cependant, Messieurs, oserons-nous avancer que toute la synthèse catholique se déroulât aux regards de ces premiers chrétiens, comme elle se déroule aux nôtres ? Prétendrons-nous qu'ils apercevaient, dans les articles doctrinaux qui avaient été proposés à leur foi, toutes les vérités que le travail des docteurs, l'enseignement constant et les définitions de l'Église, nous ont appris à y reconnaître ? Prenez-y garde, Messieurs, il n'est pas ici question de renouveler entre les articles *fondamentaux* et les articles *non fondamentaux*, entendus au sens protestant, la distinction fameuse dont l'éloquente polémique de Bossuet a montré le vide, et que le bon sens chrétien suffirait à ruiner. L'unique question pour moi est de m'enquérir si Dieu a parlé, et si telle doctrine est contenue dans sa parole. Dès lors que la parole divine m'est suffisamment notifiée, je suis tenu à croire, je n'ai pas le droit de différer mon assentiment, jusqu'à ce que l'importance des points révélés et leur relation avec la fin suprême, qui est le salut, m'aient été démontrées. Mais, d'autre part, il est incontestable que toutes les vérités révélées n'ont point brillé d'abord d'une égale clarté ; que l'Église ne les a pas d'abord imposées toutes, d'une manière expresse, à la foi de ses enfants. Un éminent théologien constate ce fait, et il en indique la raison. « Les dogmes divins ayant d'autant plus de fé-
« condité qu'ils ont plus de profondeur, ayant des rapports
« presque infinis avec les exigences de tous les temps, et étant
« en opposition avec les erreurs très-diverses que la faiblesse ou
« la perversité humaine peut inventer, il est évident, dit le R.
« P. Franzelin, qu'il n'est pas arrivé et qu'il n'a pu moralement
« se faire que chaque dogme, selon tous ces aspects, fût expli-
« citement proposé et énoncé par les Apôtres. Cela a été d'au-
« tant moins nécessaire que, avec le dogme, le don de vérité et

1. *Act. Ap.*, II, 42.

« l'esprit d'intelligence pour l'expliquer et l'appliquer, selon les
« besoins des temps, devait être communiqué aux successeurs des
« Apôtres, en vertu de la promesse et de l'institution du Christ[1]. »

Cette progressive explication, cette application successive du
dogme selon les besoins des temps, remplissent, Messieurs, l'histoire de l'Église. A certaines époques, dans certaines contrées, des
doutes ont pu s'élever sur des points de la doctrine révélée, dont
l'œil même de savants évêques ne découvrait pas la céleste origine. C'est ainsi, Messieurs, que la canonicité de plusieurs livres de
l'Ancien et du Nouveau Testament, que la validité du baptême
conféré par les hérétiques, que la Conception immaculée de la
sainte Vierge, ont soulevé des controverses au sein même de
l'orthodoxie, et ont trouvé, dans des saints et dans des martyrs,
d'illustres contradicteurs. Dieu permettait que ces vérités, incluses dans le dépôt de la révélation, ne s'en détachassent
pleinement, et ne brillassent de tout leur éclat, qu'après avoir
passé par l'épreuve de la discussion. Il voulait que les portions
de la famille catholique qui avaient d'abord douté de ces vérités,
traversassent ces trois états, qui furent ceux de saint Augustin
lui-même, par rapport à la doctrine de la Grâce[2], et que traverse
aussi la vie religieuse et morale d'un si grand nombre
d'hommes : d'abord la synthèse primitive qui embrasse la vérité, quoique d'un regard parfois confus ; puis l'analyse, et
avec l'analyse, les tristes possibilités, trop souvent réalisées,
du doute et de l'erreur ; enfin, après cette crise de laquelle tant
d'hommes sortent, hélas ! brisés et vaincus pour toujours, la
synthèse définitive qui surpasse la première par la sûreté, l'é-
tendue et la profondeur de ses affirmations. Cette synthèse
dernière et définitive, ce sont les décisions de l'Église qui l'ont
opérée, par rapport aux dogmes qui avaient d'abord été con-
troversés. L'éclaircissement successif des vérités contenues
dans la révélation, aboutissant à des définitions souveraines,

---

1. *De divina Traditione*, Thes., XXII, 2.
2. Voy. Bossuet, *Défense de la Tradition et des Saints Pères*, partie II, livre VI,
ch. 2 et suiv.

telle est, Messieurs, la seconde forme du développement, du progrès des dogmes, au sein de l'Église.

Enfin, Messieurs, il en est une troisième forme. Non-seulement la langue théologique se précise et acquiert une finesse, une fermeté et une vigueur qui répondent aux plus délicats besoins de l'âme chrétienne, qui déconcertent et repoussent toutes les audaces, toutes les ruses de l'hérésie; non-seulement les données de la Révélation sont successivement mises en lumière, grâce surtout à l'autorité infaillible qui, j'emploie le langage de saint Vincent de Lérins, « travaille les points ina-« chevés, consolide et confirme ce qui est exprimé déjà, garde « avec amour ce qui est déjà défini et confirmé [1]; » mais encore l'intelligence catholique pénètre plus avant dans l'essence du dogme révélé et défini, en goûte mieux les beautés, en saisit mieux les harmonieuses proportions et les rapports avec tout l'ensemble de la doctrine comme avec les aspirations de la nature humaine, enfin, à la suite de docteurs trop grands pour être qualifiés de téméraires, s'efforce d'en découvrir, s'il se peut, et d'en exposer les raisons intimes. C'est la foi cherchant l'intelligence, comme dit saint Anselme, et la rencontrant souvent. C'est l'âme travaillant à comprendre ce qu'elle croit déjà d'une foi parfaite [2]. Certes, Messieurs, dans ces essais de théologie rationnelle dont nous saluons l'apparition à l'âge des Pères, qui remplissent le moyen âge de leurs puissantes clartés, et dont Bossuet et le P. Lacordaire ont continué parmi nous la tradition glorieuse, vous constaterez une troisième forme du progrès doctrinal. Ce progrès-là, est-il besoin de le dire? ne mérite ce nom qu'autant qu'il s'accomplit sous la direction et sous le contrôle de l'Église, qu'il respecte les données divines et le sens consacré des formules sur lesquelles il s'exerce, qu'il ne dénature, qu'il ne transforme rien de ce que le théologien veut mieux entendre et mieux expliquer. Compris de la sorte, cette troisième forme du progrès

1. *Commonit.*, XXIII
2. « Miro enim modo anima delectatur in intelligendo quod perfecta fide credit. » (S. Bonaventure, in lib. I *Sentent.*, Præm. 9, 2.)

doctrinal que nous venons d'indiquer, élargit les horizons de l'âme chrétienne et de l'Église elle-même, et est pour ceux qui s'efforcent de la réaliser, comme un premier essai de l'éternelle intuition du ciel, comme un prélude de ces lumières et de ces joies de la vie future, d'où le progrès même, d'après de grands théologiens, ne sera pas absent. En effet, dit Thomassin, « les « Pères ont compris que l'infinité sans limite du souverain « bien éclate davantage, si le progrès de l'âme, dans la vision et « la possession de Dieu, est incessant et n'atteint jamais aucun « terme[1]. »

Je crois, Messieurs, avoir dissipé les craintes, avoir répondu aux questions que ces mots : *l'histoire des dogmes*, avaient pu faire naître dans votre esprit. Nous étudierons donc l'histoire des dogmes de l'Incarnation et de la divinité du Sauveur. Ces dogmes sont comme le fonds de tous les livres du Nouveau Testament; ils y sont, à chaque page, proclamés ou supposés; nous recueillerons les témoignages que leur rendent les Écritures divines qui, sans eux, n'auraient ni sens ni raison d'être.

Les Écrits des premiers Pères qui, pour parler comme Eusèbe, avaient encore sous les yeux les exemples et dans les oreilles l'enseignement des Apôtres leurs maîtres[2]; les apologétiques victorieuses, par lesquelles Justin, Athénagore, Tertullien, répondirent à l'incrédulité brutale ou savante qui raillait le christianisme comme une erreur grossière, et le persécutait comme un dangereux système; les doctes travaux des Pères qui maintinrent, contre les hérésies primitives, la notion intégrale du dogme de l'Incarnation et de la divinité du Christ; enfin, ces premiers conciles qui préludèrent aux grandes assises de Nicée, et opposèrent de bonne heure à l'hérésie des affirmations sans réplique et des condamnations sans appel : telles sont, Messieurs, les sources larges et pures où nous puiserons, tels sont les vénérables monuments que nous déroulerons à nos regards respectueux et ravis. Notre foi et notre

---

1. Thomassin, *Dogm. theol. de Deo*, l. VI, cap. xv, 16.
2. *Hist. eccl.*, l. V, ch. vi.

science y gagneront, je l'espère, et au sortir de ces études salubres, au sortir de ce commerce avec des docteurs et des martyrs tout pleins du primitif esprit, de la première et vigoureuse séve du christianisme, témoins si sûrs et si ardents d'une doctrine qui avait enivré leurs âmes et qui a transformé le monde, nous dirons au Sauveur, avec saint Pierre : *Tu es Christus Filius Dei vivi* ; avec saint Jean nous nous écrierons, dans le transport d'un humble et joyeux enthousiasme : *Et Verbum caro factum est, et habitavit in nobis!*

DISCOURS

PRONONCÉ A L'OUVERTURE

DU COURS DE LITTÉRATURE

A L'ÉCOLE LIBRE DES HAUTES ÉTUDES

LE 15 NOVEMBRE 1873

Par M. C. HUIT, docteur ès lettres.

Messieurs,

Appelé par la haute bienveillance du Conseil de la Société d'Éducation à prendre place à côté des hommes éminents à qui elle a confié il y a un an son œuvre naissante, je me sens partagé entre la reconnaissance et la crainte : car si je ne puis méconnaître la grandeur d'une pareille tâche, je dois encore moins m'en dissimuler les difficultés. Pour faire dignement à la littérature les honneurs de cette chaire à côté de ses sœurs aînées, de la théologie, de la philosophie, du droit et de l'économie politique, il eût fallu sans doute une parole à la fois plus savante et plus éloquente que la mienne : une chose toutefois m'encourage, c'est mon dévouement absolu à l'utile et opportune création à laquelle, votre concours le prouve, sont acquises vos généreuses et, je voudrais l'espérer, vos durables sympathies.

Je n'ai pas, je pense, à justifier devant un auditoire aussi éclairé la part que la littérature pouvait revendiquer et qui lui a été si libéralement accordée dans cette École des hautes études, c'est-à-dire dans une école où doit s'achever et se perfectionner l'éducation intellectuelle et morale des jeunes générations.

Mais ne sera-t-on pas tenté de contester l'utilité d'une telle chaire et de n'y voir qu'une de ces parures brillantes dont le luxe fait d'autant plus de cas qu'elles sont manifestement inutiles? Dans le prodigieux ensemble des connaissances humaines, l'éloquence et la poésie occupent une place glorieuse : on ne le nie pas, on n'oserait le nier; mais on leur demande quels services elles ont rendus, quels services surtout elles peuvent se flatter encore de nous rendre, et ce n'est pas toujours sans peine qu'elles réussissent à se défendre au tribunal de l'opinion publique, qui aujourd'hui porte volontiers ailleurs ses préférences et ses hommages.

S'agit-il en particulier de la Grèce et de Rome, aussitôt grandissent le nombre et l'assurance de leurs adversaires. Ceux même qui attachent encore quelque prix à l'étude des lettres sont parfois tentés de regretter qu'elle se détourne des préoccupations du présent pour suivre dans l'histoire les traces des nations qui ont disparu. Pourquoi, disent-ils, nous ramener sans cesse à Rome et à Athènes? Quel enseignement tirer de ces âges reculés dont nous séparent quinze siècles et plus d'un ordre de choses nouveau? Messieurs, de nos jours souvent présentées et répétées avec plus d'insistance que jamais, ces objections n'ont pas été moins souvent et moins énergiquement réfutées.

C'est qu'en effet pour rompre le commerce qui s'est établi entre les poètes et les écrivains de ces nations privilégiées et les esprits les plus éclairés des temps modernes, il faudrait, ce qui est impossible, rompre le lien qui unit notre civilisation à la leur : ce n'est qu'à la lumière de l'antiquité que s'éclaire complétement l'histoire de la pensée moderne. Sans doute le christianisme a apporté à la terre, pour connaître la vérité, pour instruire l'homme de son origine et de sa destinée immortelle, un enseignement divin que Socrate et Platon appelaient de leur plus ardent désir; de même pour accomplir le bien et travailler à son règne dans le monde, il nous a donné une force que les sages du paganisme n'ont pas même soupçonnée. Mais, pour les choses de l'esprit, Dieu a permis que les Grecs et les Romains fussent nos maîtres : quelle que puisse être notre richesse, ce serait une pensée fatale que celle de répudier un si noble héritage.

Or, si Rome a dû à la puissance et à l'étendue de son empire une influence durable sur les nations qui se sont élevées sur ses ruines, la Grèce, malgré la petitesse de son territoire, n'a pas acquis une moindre renommée par l'éclat incomparable de sa civilisation : et puisque dans l'ordre des temps elle a précédé Rome, c'est elle qui nous occupera d'abord.

Comme l'indique le titre même de ce cours, dans le vaste domaine des lettres anciennes qui, malgré tant d'explorateurs, réserve à l'avenir plus d'une heureuse découverte, c'est un canton de la science encore peu connu que je vous invite à parcourir cette année. Ce n'est pas aux épopées homériques, ces récits merveilleux destinés à charmer l'enfance d'un grand peuple ; ce n'est pas aux grands drames solennels qui retraçaient aux yeux avides de l'Athénien ses vieilles traditions religieuses et nationales ; ce n'est pas à ces monuments historiques, dont un art accompli a su faire des modèles inimitables ; ce n'est pas à ces vastes systèmes philosophiques qui nous étonnent par leur étrangeté et leur grandeur, que nous consacrerons nos études : ces sources d'admiration, je le dis non sans quelque regret, nous demeureront fermées. Notre tâche est plus humble, au moins en apparence : peut-être en revanche sera-t-elle jugée plus pratique.

Dans quelles conditions a pu naître et se développer en Grèce l'éloquence, et en particulier l'éloquence judiciaire ? Quels obstacles avait-elle à vaincre, quelle limite a arrêté son entier épanouissement ? Remonter à son origine, suivre ses progrès et ses révolutions, démêler les causes qui l'ont fait briller au quatrième siècle avant notre ère d'un éclat si vif et si éphémère, celles qui ont amené et précipité sa décadence : voilà l'indication sommaire du cadre dans lequel se déploieront librement nos recherches. Mais pour en mesurer d'avance avec plus de sûreté l'enchaînement et la portée, votre curiosité légitime attend sans doute quelques détails plus précis que je ne dois point lui refuser.

Quand l'éloquence a-t-elle cessé d'être une inspiration, un don de la nature pour devenir une science ? Quand l'art de parler fut-il substitué au talent de la parole ? Quels en furent les premiers maîtres et les plus illustres représentants ? Comment fut préparée cette féconde moisson d'orateurs ? Par quelle forte éducation littéraire et philosophique sont-ils parvenus au succès et à la renommée ? Comment définir le mérite par excellence de leurs discours, ces grâces légères de l'atticisme qui semblent défier toute analyse ? Que peuvent nous apprendre les plaidoyers d'un Lysias, d'un Isocrate, d'un Démosthène ? Quelle idée Platon et Aristote se sont-ils faite de l'éloquence ? Quelles leçons et quels reproches ont-ils tour à tour adressés même aux plus populaires de leurs contemporains ? Quelle est l'appréciation des critiques anciens, meilleurs juges sans doute que nous ne pouvons l'être nous-mêmes, sur ces chefs-d'œuvre que la main avide du temps nous a trop souvent enviés ? Tels sont les principaux problèmes sur lesquels devra se porter successivement notre attention. S'il en est dont la solution semble nous échapper, faute des documents qui seuls en eussent établi la certitude, du moins il en est dont l'étude réserve, si j'ose le dire, plus d'une satisfaction inattendue.

Mais avant tout comment expliquer le charme que nous cause la lecture des poëtes et des orateurs de la Grèce antique ? Ne faut-il l'attribuer qu'à leur langue si harmonieuse, si flexible, si abondante, et qui se prête avec une si frappante complaisance à toutes les nuances de la pensée ? Non sans doute : notre admiration a une cause plus vraie et plus profonde, et ceux même, trop nombreux, qui se sont hâtés au sortir du collége d'oublier la langue d'Homère, ne sont pas fatalement condamnés à ignorer cette jouissance. C'est qu'en effet ce n'est pas seulement la séduction de la forme, décolorée ou supprimée dans une traduction, c'est l'éternelle vérité des pensées et des sentiments qui assure à ces écrivains un nom immortel. La raison et la nature, voilà les deux sources où ils puisèrent leurs inspirations les plus hautes ; les émotions auxquelles ils ont donné une expression à la fois si simple et si éloquente, sont celles qui aujour-

d'hui encore font palpiter nos cœurs. Priam se jetant aux ge-
noux d'Achille pour lui demander, au nom de sa douleur paternelle, les restes inanimés de son fils; le dernier entretien d'Hec-
tor avec Andromaque, ce type si achevé de l'amour conjugal
dans une société qui néanmoins n'a pas connu les douceurs intimes du foyer; les plaintes de Prométhée cloué sur un ro-
cher fatal pour avoir apporté aux hommes d'imprudents bienfaits; les chœurs où Sophocle célèbre en termes si élevés l'émi-
nente autorité de la loi morale, supérieure aux exigences des
tyrans comme aux caprices de la foule: tant de pages éloquen-
tes, pour ne citer que celles qui se présentent d'elles-mêmes à
toutes les mémoires, même après vingt-cinq siècles, n'ont rien
perdu de leur frappante vérité. Thucydide et Platon ont décrit
d'avance non-seulement les révolutions politiques et sociales de
la Grèce, mais celles dont nous sommes les témoins. Placé en
face des personnages d'Euripide, Racine n'a eu qu'à modifier
quelques-uns de leurs traits pour en faire des Français du dix-
septième siècle ou plutôt des hommes de tous les temps. Mais
pourquoi multiplier ces exemples? Des œuvres qui répondent
ainsi aux sentiments les plus persistants du cœur humain n'ont
rien à redouter de l'oubli tant qu'il y aura des hommes jaloux
d'étudier et de connaître l'humanité. Aussi les voit-on survivre
à toutes les transformations du goût, à toutes les variations de
la critique, et épuiser tous les commentaires sans être épuisées
jamais.

En serait-il autrement dans le domaine de l'éloquence? et
tandis que nos plus grands poètes n'ont pas dédaigné de ravir à
la Grèce le secret de plusieurs de leurs chefs-d'œuvre, tandis
que nos philosophes se remettent avec une ardeur nouvelle à
l'étude des systèmes les plus remarquables de l'antiquité, seuls
les orateurs grecs n'auraient-ils rien à nous apprendre? Fénelon, qui connaissait si bien les règles de l'art oratoire, a-t-il eu
tort d'en chercher dans les anciens la plus parfaite application?
N'ont-ils dû leur succès qu'à des mérites éphémères, qu'à des
causes destinées à disparaître avec les circonstances? Ou au
contraire n'avaient-ils pas été préparés à leur rôle par cette

culture philosophique qui seule jette sur la nature humaine une lumière assez vive pour l'éclairer, malgré les voiles dont elle aime à se couvrir? N'avaient-ils pas étudié, selon le précepte de Platon, la nature de leurs auditeurs, et les moyens à employer pour arriver jusqu'à eux? N'étaient-ils pas assez instruits du jeu si complexe des intérêts et des passions pour démêler d'un coup d'œil rapide à quel genre d'argumentation ils demanderaient, dans tel cas donné, leur triomphe?

Aujourd'hui comme alors, c'est aux âmes que s'adresse l'orateur ; c'est là qu'il veut porter la persuasion ; c'est là qu'il doit diriger ses efforts : sa grande étude, l'étude de sa vie entière est celle des esprits qu'il veut convaincre. Or l'homme est toujours l'homme, qu'on le considère dans la Grèce de Périclès, dans la Rome d'Auguste ou dans la France du dix-neuvième siècle ; car si le milieu social se métamorphose à l'infini, si la civilisation dans sa marche traverse les phases les plus différentes, la nature humaine demeure la même : partagée entre les mêmes inclinations, dominée par les mêmes penchants, soumise au jeu des mêmes passions, accessible aux mêmes surprises, aux mêmes émotions, aux mêmes défaillances, aux mêmes enthousiasmes que dans ces temps reculés.

Aussi les procédés à mettre en œuvre n'ont pas changé, qu'il s'agisse de fléchir les volontés, de faire entrer la persuasion dans des cœurs insensibles ou rebelles, de s'insinuer adroitement dans les intelligences ou, si l'on me permet ce mot, d'emporter d'assaut les convictions. Autres sont les causes que nous avons à défendre, et à ce point de vue apparaît toute la distance qui sépare le monde moderne du monde païen ; mais la même voie s'offre à nous pour les plaider avec une égale éloquence. Démosthène et Cicéron, s'ils revenaient au milieu de nous, n'emploieraient pas un autre art que celui qui a immortalisé leur nom : ils retrouveraient à côté des mêmes généreux instincts, l'ingratitude de la foule, les convoitises des hommes de désordre, les discordes des partis, les embûches dressées par la ruse ou par la violence aux renommées les mieux établies. Ils auraient les mêmes élans de patriotisme, la même admiration pour la fermeté et la droiture inébranlable des uns, la même indignation contre la lâcheté et les prévarications des autres.

Voilà pourquoi, Messieurs, un cours sur l'éloquence judiciaire dans l'antiquité a non-seulement sa raison d'être, mais son évidente utilité.

Toutefois avant d'aborder le programme même de ce cours une question préalable se présente. L'éloquence judiciaire suppose des juges et des tribunaux : or qu'étaient ces juges et ces tribunaux à Athènes ? comment étaient choisis les premiers ? comment étaient constitués les seconds ? Quel en était le nombre et jusqu'où s'étendait leur compétence ? De quelles formalités était entourée l'administration de la justice ? Obéissait-elle à des règles fixes et immuables ? Dans quelles circonstances ont été prononcés les plaidoyers que nous possédons ? Sont-ils l'œuvre d'avocats que nous puissions placer à côté de ceux qui ont illustré et qui illustrent encore le barreau moderne ?

La réponse à tant de curieux problèmes ne sera pas, j'ose le croire, la partie la moins intéressante des études que nous poursuivrons ensemble. S'il ne m'appartient pas d'anticiper ici sur les leçons qui vont suivre, je voudrais néanmoins, avant de descendre de cette chaire, insister sur deux points d'un intérêt plus général et dont l'importance n'échappera pas à votre bienveillante attention.

Où chercher la première apparition de l'éloquence ? Ne la trouvons-nous pas dans le tableau magnifique de la création, par lequel s'ouvrent les annales inspirées de l'humanité naissante ? N'est-elle pas dans les plaintes sublimes de Job, dans les accents de repentir ou les chants d'allégresse du Roi-Prophète ? Oui sans doute ; mais il ne nous est point permis d'élargir ainsi l'horizon restreint dans lequel nous avons à la considérer : ce qui nous occupe, c'est l'action exercée par la voix qui va soulever les cœurs et régner sur les foules, quand elle sort vivante et émue des lèvres humaines. « Comment s'appelle-t-il cet élu de la parole qui le premier fit passer dans les âmes de ceux qui l'écoutaient les sentiments de sa haine ou de son

amour ? qui en communiquant sa pensée sentit le besoin de
la faire adopter, qui pour la faire adopter comprit qu'il fallait
la rendre belle et passionnée, qui enfin devint éloquent pour la
première fois, et éloquent certainement à son insu ? » Celui qui
a posé ainsi la question l'a laissée sans réponse, et cependant
c'était un éminent orateur trop tôt enlevé à une carrière où sa
place est restée vide : il suffit de nommer Berryer. Les hommes
éloquents, même s'ils sont pleins de jours, selon l'expression de
Gilbert, meurent toujours jeunes, car ils manquent longtemps
aux causes qu'ils ont soutenues et rehaussées par l'éclat de leur
talent.

Il semble que l'âge d'or des peuples ait été pauvre d'orateurs, riche de poëtes et d'hommes inspirés ; et cependant en
Grèce, sans remonter jusqu'au sage Nestor ou jusqu'à l'artifi-
cieux Ulysse, sans faire de la rhétorique, à l'exemple de je ne
sais quel critique, un art contemporain du siége même de
Troie, on ne saurait sans injustice méconnaître la beauté des
modèles d'éloquence semés à profusion dans l'Iliade et dans
l'Odyssée. Sans doute on a dit avec raison qu'il n'y avait alors
qu'une littérature, la poésie, mais dès ces temps héroïques
ne voyons-nous pas l'art de la parole apprécié à l'égal de la
valeur ?

Si nous descendons aux âges historiques, contesterons-nous
à Solon le don de la persuasion ? Après lui n'ont-ils pas su user
de la parole, Pisistrate, ce tyran lettré qui si longtemps gou-
verna à son gré le peuple inconstant d'Athènes, ou Thémistocle,
qui par la sagesse de ses conseils sauva la Grèce d'une défaite
aussi imminente qu'irréparable ? L'histoire en fait foi, Athènes
a compté des orateurs habiles et dans l'agora et devant les tribunaux, avant cet âge d'or de sa littérature qu'on appelle le siècle de Périclès et qui vit se développer avec un merveilleux ensemble l'éloquence et la poésie sous toutes les formes rêvées
par l'imagination humaine. Il est vrai qu'avant cette époque il
n'y a pas eu d'art oratoire proprement dit, c'est-à-dire qu'on
n'avait point encore recueilli et coordonné les préceptes qui
constituent la rhétorique ; mais on lui ferait en vérité trop d'hon-

neur en la confondant avec l'éloquence que trop souvent elle étouffe sous prétexte de la parer. Si on en voulait la preuve, qu'on interroge les derniers siècles de la littérature païenne.

Sœur de la poésie, l'éloquence a dû naître et grandir avec elle. Mais la jurisprudence, la science du droit, cet élément en apparence essentiel de l'éloquence judiciaire, peut-elle revendiquer une aussi ancienne origine ? Poser cette question, c'est la résoudre : car l'art ne suit jamais que de loin la nature.

Le premier besoin d'un peuple, c'est d'asseoir sur un fondement stable son organisation politique : tant que cette base fait défaut, qui songe, qui pourrait songer à construire le reste de l'édifice social ?

Rien ne devait être plus simple assurément que la charte des habitants d'Argos et de Mycônos, au temps où les rois, juges et pasteurs des peuples, concentraient en leurs mains tous les priviléges et tous les attributs de la souveraineté; mais avec le cours des siècles la royauté patriarcale s'efface pour faire place à des formes de gouvernement plus savantes et plus complexes. Les intérêts se multiplient, s'isolent d'abord, puis entrent en conflit : la pauvreté et la richesse, la faiblesse et la force, restées seules en présence, engagent une lutte inégale dont l'issue ne pouvait demeurer longtemps douteuse. Les passions s'aigrissent, l'oppression appelle la révolte, et, selon le mot profond de Lucrèce, le genre humain, fatigué de tant de violences, finit par courber de lui-même la tête sous le joug sévère mais plus équitable des lois. L'intervention des législateurs ouvre une période remarquable dans l'histoire des nations; c'est l'heure où, lasses de l'arbitraire et pressentant les avantages du droit écrit, elles aspirent à un ensemble de lois assez complet pour prévenir ou réprimer tout empiétement injuste, et donner aux constitutions jusque-là mal définies une forme plus durable et mieux assurée. Ce qui nous aide à mesurer la grandeur du service rendu à leur patrie par ces anciens législateurs, c'est la reconnaissance non moins que la célébrité attachée à leur nom. La postérité les cite avec une sorte de vénération : leur autorité subsiste à travers les siècles, c'est leur souvenir qu'on évoque pour trancher les questions mêmes qu'ils n'avaient pas songé à résoudre.

Le premier législateur d'Athènes, Dracon, uniquement préoccupé des crimes et imbu longtemps avant le Portique de la théorie stoïcienne qui proclame toutes les fautes également coupables, n'avait jugé qu'une répression efficace, la peine capitale. La raison et l'équité ne tardèrent pas à ramener dans de justes limites une sévérité aussi exagérée. Bien plus éclairées, bien plus humaines, les lois de Solon eurent une bien plus célèbre destinée. Je ne m'arrêterai pas à en décrire la genèse et l'histoire : il me suffira d'en résumer brièvement les tendances. Malgré le caractère essentiellement démocratique de sa constitution, malgré le puissant levier que l'organisation des tribunaux mit entre les mains du peuple d'Athènes pour grandir chaque jour en pouvoir, Solon ne s'abaissa jamais jusqu'à considérer la loi comme l'expression de la volonté populaire. Chaque citoyen investi dans de certaines conditions, de ce que nous appellerions volontiers le droit d'initiative parlementaire, était appelé, quelle que fût sa naissance et sa fortune, à exercer une part de la souveraineté ; mais les plus hautes charges étaient réservées aux familles recommandées par leur noblesse. N'oublions pas d'ailleurs que si dans ces républiques antiques, beaucoup admirées et souvent mal connues, le peuple passait sa vie à délibérer, à discuter, à voter, il ne faisait pas autre chose ; c'était sur quatre cent mille esclaves que retombait la lourde obligation de travailler pour les vingt mille citoyens électeurs et éligibles d'Athènes.

Le cours des siècles apporta à l'œuvre de Solon des modifications qu'il serait inutile de rappeler ici ; ce qui ne peut être contesté, c'est que des réformes ou plutôt des révolutions successives firent disparaître de la constitution athénienne les dispositions qui seules eussent pu, sinon en supprimer, du moins en atténuer les manifestes inconvénients ; sans doute c'est une loi qui paraît imposée à toutes les créations de l'homme que celle de la décadence après un âge plus ou moins long d'éclat et de prospérité ; pour ne pas parler des temps modernes, nulle part cette loi n'apparaît avec plus d'évidence que dans l'histoire des républiques antiques. Cent cinquante ans à peine séparent Salamine de Chéronée, et la prise de Carthage de l'avènement d'Auguste. Il est vrai que pour supporter ce qu'un contemporain a appelé la noble fatigue du gouvernement de soi-même, il faut un calme, une vertu, une persévérance que possèdent seuls les grands caractères.

Les décrets du démagogue Clisthène ouvrirent le sénat et les magistratures aux dernières classes de la société que Solon avait eu la sagesse d'en écarter. La rétribution officiellement allouée aux citoyens faisant fonctions de juges poussa les pauvres à se présenter en foule pour siéger dans les tribunaux; conséquence inévitable, l'ignorance et la passion allaient désormais y avoir le pas sur l'intelligence et la réflexion. Mais malgré ces conquêtes, ou plutôt à cause de ces conquêtes mêmes, cette démocratie athénienne, devenue sans règle et sans contre-poids, aboutit moins à l'égalité de tous qu'à la satisfaction de quelques ambitieux assez habiles pour s'en faire un piédestal. L'arbitraire fut porté à son comble, et Platon, qui en avait démêlé les causes secrètes avec une profondeur peu commune, dut avouer qu'une telle organisation ne convenait qu'à un peuple idéal. De nos jours on s'en va répétant qu'à la démocratie appartient l'avenir de l'Europe, et cette assertion est reproduite avec tant de complaisance que nous ne songeons même plus à en demander la preuve : n'y a-t-il pas néanmoins quelque opportunité à rechercher comment la nation de l'antiquité qui a fait aux théories démocratiques la part la plus large et la plus entière, les a fait pénétrer dans son droit politique et civil ?

Nul n'ignore qu'à Athènes les archontes, c'est-à-dire les magistrats suprêmes, et les juges de tout ordre étaient désignés dans les assemblées du peuple par la voie du sort : système déplorable contre lequel les esprits sensés, Socrate à leur tête, firent entendre de vaines protestations. A notre tour nous ne pouvons retenir un mouvement de surprise quand nous voyons le hasard décider en maître absolu et du pilote à qui sera confié, même au milieu des orages, le gouvernail périlleux de l'État, et des juges appelés à prononcer sur les causes les plus graves et les plus difficiles. Certes notre étonnement est assez justifié. Mais avons-nous le droit de nous montrer sévères ? Ne voyons-nous pas fleurir plus près de nous un autre mode d'organisation politique d'où sont exclus, il est vrai, les caprices du sort, mais où se font jour parfois avec une violence presque irrésistible les préjugés de l'ignorance, les ressentiments de l'envie, les conseils de la colère et tous les entraînements de la passion ? Livrée à des doctrines d'erreur, asservie aux instincts les moins nobles de la nature, la réflexion s'obscurcit, la raison se dégrade au point de devenir, s'il se peut, moins intelligente que le hasard lui-même. Mais revenons à notre sujet.

Tandis que s'achevait la constitution politique d'Athènes, voyons-nous le même travail s'accomplir, le même caractère de permanence s'imprimer dans le droit civil et les règlements qui s'y rapportent ? En d'autres termes, les Grecs sont-ils arrivés à posséder une jurisprudence, c'est-à-dire une science du droit, supérieure à tous les remaniements que le temps et l'homme, selon les exigences des siècles et des lieux, font subir à ces œuvres souvent si fragiles qu'on nomme des législations ?

La justice est l'âme du monde et la première base des États ; mais le droit est le flambeau qui la guide, et on ne s'est pas trompé en le définissant le bon sens et la logique appliqués aux relations sociales. Toutefois, comme l'a fait observer un éminent jurisconsulte, « il n'est donné qu'à une raison exercée de comprendre et d'apprécier la règle qui convient aux situations variées de la vie civilisée, et de suivre dans ses applications multiples la pensée du législateur ; aussi, la sagesse des temps a-t-elle converti l'art de la justice en une grande et noble science qui révèle les secrets de l'organisation, qui conserve les traditions tutélaires, qui prépare par l'analyse et la réflexion les améliorations et les réformes de la loi. Le soin de propager la connaissance du droit et des devoirs et d'augmenter l'éclat de la science par d'utiles et glorieux travaux a reçu le caractère d'une fonction publique. »

Rien de semblable à Athènes, où d'ailleurs l'âge d'or de la

liberté et des lettres a duré si peu. Les Athéniens ont eu des lois sans doute, mais peu nombreuses et peu explicites, surtout si nous les comparons aux législations contemporaines, si savantes, si complexes, si habituées à recevoir chaque année des additions souvent inattendues. De plus ces lois n'ont jamais été codifiées, si l'on me permet cette expression moderne; les Grecs ne connaissaient pas ces immenses et vénérables recueils où se trouvent renfermés et classés avec une exactitude minutieuse tous les articles des lois anciennes et nouvelles, ces arsenaux où l'avocat puise les arguments de son plaidoyer, et le juge les éléments de sa sentence. Les tribunaux avaient un pouvoir égal et presque supérieur à celui des lois, ces souveraines du monde, comme les appelle le poëte Pindare. A Athènes les lois furent toujours mobiles et variables, comme la multitude dont elles émanaient, multitude inconstante dans ses résolutions, prête à briser le lendemain ce qu'elle avait construit la veille, et, selon l'expression de Thucydide, esclave de ce qui est extraordinaire, pleine de dédain pour les traditions, et toujours maîtrisée par le plaisir de ses oreilles.

De là des incertitudes et des contradictions faciles à comprendre. Tandis que la rédaction des formules a créé avec le cours du temps le génie juridique de Rome, et la subtile et profonde analyse qui s'y révèle, les Grecs abandonnaient le plus souvent le règlement des affaires à la conscience des juges. Or les sentences destinées à trancher les différends portés devant la justice n'étaient pas rendues par des fonctionnaires élus, liés par serment à un texte formel, qui pendant de longues années avait été l'unique ou du moins le principal sujet de leurs études et de leurs méditations. Quelle science et quelle préparation attendre de ces cinq cents ou de ces mille jurés qui passaient sans transition de leur cabane rustique ou de leur comptoir du Pirée sur les siéges d'un tribunal? Quelle tradition pouvait se former avec ces magistrats improvisés, constamment renouvelés? Pour se représenter de quel faible poids devaient être le droit et les lois écrites dans les décisions d'un pareil aréopage, il est superflu de recourir aux aveux des plus cé··

lèbres orateurs. Sans doute l'impartialité de la justice dut plus d'une fois à en souffrir : s'en rapporter en tant de cas à ces instincts naturels d'équité que nous portons dans l'âme, n'était-ce pas ouvrir libre carrière aux surprises des passions et de l'éloquence?

Le droit public avait reçu graduellement une sorte d'assiette définitive : le droit privé, au contraire, demeura fragmentaire et incomplet. Du moins, les monuments qui nous sont parvenus, les discours des orateurs, les inscriptions, quelques textes épars dans les compilateurs et les historiens ne nous en donnent qu'une idée peu précise, et, sur certains points, notoirement insuffisante. Ce serait assez de quelques pages pour contenir les textes vraiment authentiques que la science a pu recueillir; car si le peuple grec s'est plu à consigner dans ses livres une étonnante variété de souvenirs, il est peu de faces de son existence sur lesquelles il se soit moins préoccupé d'éclairer la postérité.

Sans doute, au lendemain de la chute des Trente, un décret de Tisamène prépara une révision générale et pour ainsi dire une reconstitution du droit athénien; il s'agissait en effet d'enlever aux inimitiés privées et politiques la tentation et le pouvoir perfides d'aller chercher, pour combattre un adversaire, des armes ignorées au fond d'un arsenal mal connu, et de faire revivre, au profit d'une vengeance personnelle, des lois depuis longtemps tombées en désuétude. Mais cette œuvre ne fut qu'imparfaitement exécutée, non sans provoquer des protestations dont certains discours qui ont survécu nous ont apporté un écho affaibli.

Ce qu'il importe plus encore de remarquer, c'est qu'il n'y eut jamais à Athènes un corps spécialement chargé de centraliser, de conserver et de commenter la législation, ni même, comme à Rome dès les premiers siècles de la république, des familles patriciennes, qui acceptaient cette tâche comme un de leurs titres d'honneur. Tandis que chez les Romains, au témoignage de Cicéron, plus d'un homme éminent s'est acquis comme jurisconsulte une autorité que le génie ne lui eût jamais donnée, un tel fait est absolument sans exemple en Grèce. Dans les plaidoyers qui nous ont été conservés, il est bien question de temps en temps de consultations données par des gens qui font métier de compulser les lois et de fournir des textes aux plaideurs : mais pour me servir des expressions de M. Perrot, au ton dédaigneux avec lequel on parle de ces obscurs légistes, il est aisé de voir qu'il s'agit de simples praticiens dénués de toute autorité morale et de tout esprit philosophique.

Chose étrange, ni la satisfaction de leur fierté nationale ni les nécessités de la pratique n'ont pu déterminer les Athéniens à approfondir ces lois qu'ils se contentaient volontiers d'admirer par tradition. Le droit grec n'a jamais connu l'universalité abstraite, la fécondité de principes, l'enchaînement systématique, la rigueur philosophique et la netteté de langage du droit romain ; il n'a jamais servi, comme ce dernier, de fondement à une autre jurisprudence ; cette double cause nous explique suffisamment la perte des travaux dont il avait été l'objet dans l'antiquité. A qui les lettres anciennes sont-elles un peu familières sans qu'il ait entendu parler des Constitutions d'Aristote ? Et en dehors de ce recueil qui serait pour nous d'un prix inappréciable, si le temps ne nous l'eût ravi sans retour, ne savons-nous pas que dans un ouvrage aujourd'hui perdu Cratère, un des favoris d'Alexandre, avait réuni les décrets les plus importants de l'Aréopage et du conseil des Amphictyons ?

En étudiant de près les écrits des orateurs attiques, on ne tarde pas à s'apercevoir des conséquences fâcheuses que devait entraîner chez un peuple aussi ami des discussions et des procès que le peuple d'Athènes, l'absence d'une législation nettement arrêtée. Toutefois ne nous hâtons pas d'en tirer une induction défavorable : il est permis de douter que l'on doive juger du degré de civilisation d'un pays d'après le nombre et l'étendue des lois qui composent ses codes : chez les nations que ne retient plus le frein des croyances ou de l'honneur, le code pénal le mieux perfectionné n'oppose au débordement des passions et des convoitises qu'une barrière impuissante. Tant que la justice règne dans les cœurs, tant que les actes humains sont éclairés et dirigés par le sentiment moral; les lois sont inutiles; comme l'a dit un ancien, si l'on trouvait une cité où personne ne commît de faute, magistrats et avocats seraient de trop dans ce pays d'innocence. Mais quand la conscience n'est plus obéie sans conteste, quand sa voix n'est plus écoutée, le besoin d'une coercition extérieure se fait sentir, et la société est obligée de marquer par une sanction plus ou moins rigoureuse la honte attachée à tel ou tel acte coupable. N'est-ce pas alors une tentation naturelle que celle de mesurer la culpabilité d'un acte à la peine qui y est attachée, et de regarder comme licite ce que le législateur ne peut atteindre ou ce qu'il n'a pas songé à défendre? *Multitudine legum laboramus,* disait un historien qui était en même temps un profond moraliste : les annales des temps modernes ne sont pas faites pour lui donner un démenti.

Enfin, et c'est par cette observation que je termine, de cette étude en apparence purement littéraire nous pourrons déduire des conséquences morales. L'antiquité nous paraît belle quand nous ne voyons d'elle que les côtés brillants sous lesquels elle se révèle à nous dans les chefs-d'œuvre de ses artistes, dans les déclamations de ses philosophes et dans les pages enthousiastes de ses historiens officiels. Tant d'exemples de courage, de désintéressement, de liberté vaillamment défendue ou plus vaillamment reconquise, tant de talent dans ses hommes de guerre, tant de sagesse et d'héroïsme dans ses hommes d'État, tant de prodiges accomplis dans le noble domaine des lettres et des arts, tout concourt à entourer à nos yeux l'antiquité d'une sorte de prestige merveilleusement préparé et fortifié par toute notre éducation classique. Peut-être n'est-il pas inutile de la considérer au moins un instant, après avoir écarté le voile qu'elle étendait avec tant de soin sur ses misères et sur ses faiblesses : les orateurs même les plus célèbres nous serviront ici de témoins, de même que leurs plaidoyers pourraient nous servir de réquisitoires. Un des plus sincères admirateurs de Démosthène en faisait naguère l'aveu : certains de ses discours, qui nous dévoilent les côtés bas, mesquins, et hélas! trop nombreux et trop réels de l'humanité, offrent la contre-partie inattendue des éloges et des panégyriques par lesquels les Grecs ont eux-mêmes rehaussé la gloire de leurs grands citoyens.

Qui de nous, en parcourant cette histoire si imposante et en même temps si agitée de la Grèce, ne s'est pas demandé, non sans tristesse, pourquoi les vainqueurs de Platée et de Marathon ont été les vaincus de Chéronée, pourquoi ceux qui avaient triomphé des armées innombrables de la Perse ont succombé en face de l'or et des intrigues de Philippe, pourquoi Athènes, si longtemps la reine de la Grèce, fut réduite à n'être que le plus bel ornement d'une nation asservie, rendez-vous de lettrés, de sophistes et de rhéteurs qui ont mollement énervé ses dernières revendications d'indépendance ? C'est aux orateurs grecs à nous l'apprendre. Ils nous diront comment le patriotisme des premiers âges avait fait place aux calculs étroits de l'égoïsme ; comment les vieilles mœurs s'étaient écroulées ; comment la vénalité des consciences introduisait l'ennemi jusqu'au cœur de la place ; comment l'indifférence publique engendra la ruine de la patrie ; comment furent sacrifiées aux oisifs de la ville les ressources destinées à la guerre ; comment chaque citoyen, au lieu de travailler activement au salut de tous, n'avait d'autre souci que de s'enquérir nonchalamment sur l'agora des faits colportés ou forgés par les nouvellistes ; ils nous diront en un mot comment Athènes, qui au temps de sa pauvreté était assez puissante pour équiper les armées et les flottes qui firent reculer Darius et Xerxès, plus tard enrichie par le commerce, fière de tous les raffinements du luxe et de l'élégance, ouverte à toutes les jouissances, était trop pauvre de vertus et de courage pour se défendre elle-même et pour sauver avec elle les destinées de la Grèce. De telles leçons sont de celles que nous n'avons pas le droit de négliger ; peut-être nous feront-elles réfléchir au sort réservé aux peuples assez malheureux pour descendre cette pente fatale qui de la prospérité conduit au déshonneur.

Messieurs, j'ai retracé devant vous le cadre de ce cours, j'ai cherché à vous en indiquer l'esprit ; je me croirais heureux s'il contribuait à pousser quelques jeunes gens dans la même voie d'études. Le droit, la philosophie, l'histoire, la morale y revendiqueront une part aussi large que la littérature. Si je n'ai pas l'ambition de plaire, je dois m'imposer celle d'être utile. L'histoire de l'éloquence grecque est encore à faire : souhaitons qu'il se trouve une main assez ferme et assez persévérante pour élever l'édifice en vue duquel tant d'hommes de talent ont amassé et amassent encore chaque jour de précieux matériaux. Mon rôle doit être plus modeste ; et s'il m'est permis d'ajouter un mot à ce qui précède, c'est la promesse d'un dévouement qui ne reculera devant aucun effort pour rendre le professeur moins indigne de la généreuse confiance qui l'a honoré de cet enseignement.

DISCOURS

PRONONCÉ A L'OUVERTURE DU

COURS D'INTRODUCTION HISTORIQUE
A L'ÉTUDE DU DROIT

A L'ÉCOLE LIBRE DES HAUTES ÉTUDES

LE 17 NOVEMBRE 1873

Par M. LELONG

Avocat à la Cour d'appel de Paris

Messieurs,

Appelé par la confiance de la Société générale d'Éducation et d'Enseignement à professer devant vous un *cours d'introduction à l'étude du droit* et à continuer un enseignement dont ceux de vous qui l'ont suivi l'année dernière n'ont assurément oublié ni la science ni l'éclat, je dois tout d'abord, en prenant place à cette chaire, adresser mes remerciments à ceux qui m'y ont appelé sans s'inquiéter de mes titres ; qu'ils veuillent bien recevoir ici l'expression publique de ma reconnaissance. Je sens combien est lourd le fardeau que j'ai accepté sans avoir consulté mes forces. Il est toujours redoutable d'enseigner ; mais la difficulté s'accroît encore lorsque le professeur n'a pas seulement à répondre aux légitimes exigences de ses auditeurs, et lorsqu'il lui faut de plus lutter contre leurs souvenirs. Je sais tout ce qu'ont d'inquiétant pour moi ceux qu'a laissés ici l'enseignement de M. Terrat[1]. Les regrets que vous inspirent

---

1. M. Terrat, nommé, à la suite d'un brillant concours, agrégé des Facultés de droit, a été attaché à la Faculté de droit de Douai.

son départ et l'interruption d'un enseignement si brillamment inauguré, je suis le premier à les partager, et mon amitié ne peut se consoler de son absence que par la pensée que ses seuls succès l'éloignent de nous, et que d'ailleurs son nom qui demeure en tête de nos programmes comme un souvenir y demeure aussi comme une espérance. A défaut de sa science et de son talent, puissiez-vous du moins trouver chez son suppléant le même zèle, et s'il ne peut prétendre auprès de vous aux mêmes succès, puisse-t-il se rendre digne de votre bienveillante indulgence par les efforts qu'il fera pour la mériter !

Je voudrais, Messieurs, dans ce premier entretien, rechercher avec vous quels peuvent être les objets d'un cours d'introduction à l'étude du droit, quels en doivent être le but et le profit ; je voudrais, en un mot, vous faire connaître et comprendre le programme de ce cours, sa méthode et son esprit. Ces mots *cours d'introduction à l'étude du droit* ne sont pas de ceux qui, comme *cours de philosophie, cours de littérature, cours d'histoire ecclésiastique*, présentent tout d'abord à l'esprit une idée simple et familière, et il n'est peut-être pas superflu d'en préciser le sens et d'en limiter la portée.

Et d'abord qu'est-ce que le droit ? Sans vouloir en rechercher encore philosophiquement la nature, nous pouvons nous en tenir aux notions acceptées de tous et définir le droit l'ensemble des règles à l'observation desquelles l'homme vivant dans la société civile peut être contraint de conformer sa conduite. C'est la science du juste et de l'injuste : « *Ars boni et æqui, justi atque injusti scientia,* » disaient les jurisconsultes romains, et ils ajoutaient : « *Divinarum atque humanarum rerum notitia,* » voulant indiquer par cette définition, qui n'est, je le veux bien, qu'une définition oratoire, une définition *ad laudem*, que le droit n'est pas borné à la connaissance des dispositions, du texte de la loi positive promulguée par le législateur humain, mais qu'il exige pour sa complète intelligence la connaissance de certains principes supérieurs, et pour son application la pratique de la vie humaine.

Voulez-vous avoir comme le commentaire anticipé et éloquent de cette définition d'Ulpien : « Le droit est la science des choses divines et humaines », ouvrez Cicéron et lisez le premier livre du *de Oratore*. Ce que Cicéron, par la bouche de Crassus, exige du jurisconsulte, c'est la science encyclopédique. L'avocat ne doit pas se borner à connaître les lois, les plébiscites et les sénatus-consultes; il faut qu'il sache la philosophie, la politique, l'histoire : « *Perdiscendum jus civile, cognoscendæ leges, percipienda omnis antiquitas, senatoria consuetudo, disciplina reipublicæ, jura sociorum, fœdera, pactiones, causa imperii cognoscenda est.* » Antoine, l'interlocuteur de Crassus, veut ramener à des limites plus modestes la science du jurisconsulte. Plus Antoine veut la restreindre, plus Crassus, qui bien évidemment développe dans ce dialogue les opinions de Cicéron, s'efforce de l'étendre : il prétend même y faire entrer l'art militaire et la géographie; car, comment pourra-t-on, sans la connaissance de ces sciences, plaider pour ou contre un général? « *Quæro enim num possit aut contra imperatorem aut pro imperatore dici sine rei militaris usu aut sæpe etiam sine regionum terrestrium aut maritimarum scientia?* »

Telle est, Messieurs, la grande idée que se faisait de la science du droit le premier orateur de Rome et le génie le plus pratique qui fut jamais. Loin de retrancher quelque chose des connaissances que Cicéron exige de celui qui veut être vraiment jurisconsulte, je voudrais plutôt y ajouter. On a dit très-justement que toute science qui s'isole est condamnée à la stérilité[1], mais c'est peut-être à la science du droit que cette pensée s'applique le mieux avec toute sa vérité. Le droit est, pour ainsi dire, placé au point d'intersection de toutes les sciences morales et politiques. Par son principe et par sa fin, il touche à la philosophie et à la morale : c'est à la philosophie qu'il va demander la justification de son existence; c'est dans

---

1. Le P. Gratry, dans *les Sources*. — On peut rapprocher ce que dit Cicéron (*de Orat.*, III, 6) : « Est etiam illa Platonis vera et tibi, Catule, certe non inaudita « vox : omnem doctrinam harum ingenuarum et humanarum artium uno quodam « societatis vinculo contineri. » Et, *pro Archia* : « Etenim omnes artes quæ ad hu- « manitatem pertinent habent quoddam commune vinculum et quasi cognatione « quadam inter se continentur. »

la morale qu'il va chercher les préceptes qu'il revêt de son autorité. Pour l'interprétation de ces règles, il a besoin du secours de la logique et des lumières de l'histoire. Enfin, lorsqu'il s'agit de faire aux espèces variées que présente la vie pratique l'application des principes ainsi établis et interprétés, le droit se trouve en rapport avec toutes ces sciences, quelques-unes nées d'hier, qu'a créées ou développées le génie scientifique des derniers siècles. Entrez au Palais, parcourez ces chambres du Tribunal et de la Cour où se débattent des intérêts si considérables, et vous serez frappés de la prodigieuse diversité de connaissances nécessaires aujourd'hui au jurisconsulte. A côté de ces questions d'état et de propriété qui sont de tous les temps, de ces grands procès politiques qui, par intervalles, viennent s'imposer à l'attention de tous, de ces audiences criminelles ou de ces questions de famille qui présentent successivement à l'avocat moraliste les plus violentes passions et les plus délicates susceptibilités du cœur humain lui permettent de dire avec le satirique latin :

> Quidquid agunt homines, votum, timor, ira, voluptas,
> Gaudia, discursus, nostri est farrago libelli [1],

s'agitent des questions toutes nouvelles que ne connaissait point l'avocat d'autrefois : ici se plaida une question de propriété littéraire, là une question de brevet d'invention; les progrès des sciences du commerce et de l'industrie, le développement des grandes entreprises financières, ont donné naissance à des intérêts nouveaux, régis par des lois nombreuses et compliquées qui forment presque de nouvelles branches de la législation : législation des banques et des institutions de crédit, législation des chemins de fer, et bien d'autres. Il y a des sciences dont Cicéron ne soupçonnait pas l'existence, dont il ignorait jusqu'au nom, l'économie politique, par exemple, dont la connaissance, tout au moins élémentaire, est indispensable à celui qui veut être vraiment jurisconsulte; car dans presque

---

1. Juvénal, *Sat.*, I, 85.

toute question de droit, il faut, pour arriver à la meilleure solution, se préoccuper tout ensemble de ce qui est juste et de ce qui est utile. Aussi, considérant l'immense variété de connaissances qu'exige la pratique de la jurisprudence et l'immense variété d'intérêts que le droit a mission de régir, un des maîtres du barreau contemporain, un ancien bâtonnier de l'Ordre, M. Jules Favre, a-t-il pu, dans un de ses discours de bâtonnat, résumer les devoirs qui s'imposent à celui qui veut être jurisconsulte, dans cette formule : « *La science du droit est celle de la vie universelle.* »

Recherchons maintenant, Messieurs, si la méthode d'enseignement imposée aux écoles de droit par la loi du 22 ventôse an XII répond à l'idée que nous venons de nous faire de la science du droit. L'article 2 de cette loi ordonne d'enseigner le droit civil français *dans l'ordre établi par le Code civil.* La méthode qui s'impose au professeur de Code civil est donc la méthode exégétique, c'est-à-dire la méthode d'interprétation littérale, celle qui prétend expliquer une législation avec le seul secours de la grammaire et de la logique, sans rien demander à la philosophie, ni à l'histoire. Il y a dans la loi de 1804 comme un souvenir de ces fameuses constitutions, par lesquelles, après avoir promulgué le Digeste, les Institutes et le Code, Justinien interdisait, sous les peines du faux, à tout plaideur, avocat ou magistrat, de citer ou laisser citer d'autres textes que ceux contenus dans ces compilations, et défendait, sous les mêmes peines, tout commentaire de son œuvre législative. « Mon code est perdu ! » s'était écrié Napoléon quand Malleville publia en 1805 l'*Esprit du Code civil.* Sans doute, le législateur de 1804 n'allait pas aussi loin que Justinien ; il avait été le premier à reconnaître que le Code civil n'était pas une œuvre entièrement nouvelle, que c'était le résultat d'une transaction entre la législation romaine des provinces du midi, les coutumes des provinces du nord et les principes de la Révolution, et par là même, il autorisait à aller demander à l'une ou à l'autre de ces trois sources l'explication des dispositions obscures que pouvait contenir le nouveau code. Mais il est impossible de mé-

connaître qu'il y a une cause d'affaiblissement des études juridiques dans l'obligation imposée à l'interprète de prendre pour
base de ses explications un texte précis dont il doit expliquer
tous les termes. Si donc il y a, auprès de mérites éminents,
quelque chose, à certains égards, d'incomplet et d'étroit dans
l'enseignement de notre droit civil, ce n'est pas aux professeurs
qu'il faut s'en prendre : ils font tous leurs efforts pour sortir
du cercle des 2281 articles du Code, et s'ils n'arrivent pas
toujours à donner à leur enseignement l'ampleur qu'il pourrait
comporter, c'est qu'un programme inflexible les force à employer une partie du temps limité dont ils disposent à des discussions de détail sur l'interprétation grammaticale d'un article, quelquefois sur la place d'une virgule. N'accusons donc
pas les professeurs, mais plutôt les programmes, ou plutôt
n'accusons ni les uns ni les autres, car ils sont également in-
nocents. Si l'enseignement de notre législation présente quelques défauts, c'est notre législation même qui en est la cause.

Nous avons un Code civil, c'est-à-dire que tout notre droit
civil se trouve réuni et méthodiquement disposé dans un certain nombre de lois dont l'ensemble forme un tout, une unité.
Quelle est la valeur d'un pareil système de législation? C'est la
question qui a été agitée en Allemagne, il y a une cinquantaine
d'années, dans une polémique, demeurée célèbre, entre Thibaut, professeur à l'Université d'Heidelberg, et l'illustre chef de
l'école historique, Savigny, professeur à Berlin. Admirateur de
l'œuvre législative du Consulat, Thibaut soutenait que la codification serait un bienfait pour l'Allemagne. Savigny lui répondit par son opuscule *De la vocation de notre temps pour la législation et la science*, satire du Code civil et de ses rédacteurs.
L'opposition faite à la codification par l'école historique se rattache à l'idée que cette école se fait du droit, à la prééminence
qu'elle accorde au droit non écrit, à la coutume sur la loi,
c'est-à-dire sur le droit promulgué par une autorité constituée;
elle prétend que le droit d'un peuple ne peut pas être une création volontaire et réfléchie d'un législateur; qu'il est, comme
la langue et les mœurs, un produit spontané de la vie natio-

nale ; donc, toute législation qui n'est pas coutumière n'est pas
l'expression vraie des besoins d'une société ; elle ne peut être
qu'une législation artificielle et imposée.

Avec un fonds de vérité, il y a de l'exagération dans la thèse
de l'école historique. Sans entrer dans la discussion de la valeur relative de la coutume et du droit écrit, et en s'en tenant
à la question de codification, il faut, à mon sens, reconnaître
que la codification présente à la fois des avantages et des dangers. Sans doute, elle tend à immobiliser le droit : on sait avec
quelles difficultés les améliorations les mieux justifiées peuvent
s'introduire dans un code dont elles viennent déranger la belle
ordonnance ; mais il faut reconnaître aussi que la codification
seule a pu assurer à la France le bienfait de l'unité de législation, et qu'elle a encore aujourd'hui, grâce à sa forme simple
et claire, l'avantage de rendre accessible à tous notre législation
civile. Quand le droit n'est pas résumé par écrit, il est difficile
de savoir quel il est ; et quand on voit le grand nombre de procès qui naissent chaque jour à l'interprétation des règles en
apparence les plus claires, on se demande avec effroi comment
les tribunaux pourraient suffire à juger ceux qu'amènerait l'incertitude sur l'existence même de la règle. Mais en même temps
il faut avouer que la codification, si utile au point de vue lé-
gislatif, n'est pas favorable au développement de la science du
droit : elle rétrécit l'horizon du jurisconsulte, dont elle asser-
vit l'esprit à la lettre de la loi ; elle défend au magistrat moderne
d'élever un de ces monuments de logique, de bon sens et d'équité
dont la législation prétorienne demeure l'inimitable modèle.
Mais, comme en définitive la loi est faite pour l'utilité de ceux
qu'elle est appelée à régir bien plus que pour le bonheur intellectuel de ceux qui se chargent de l'interpréter, nous conclurons
que l'œuvre de codification qui s'est accomplie au début de ce
siècle a été un bienfait pour notre pays ; qu'elle l'a doté d'une
législation uniforme, claire, facile à connaître et à appliquer,
présentant plus qu'aucune autre législation moderne cette qua-
lité, que Bacon regarde comme la première d'une bonne loi, de
laisser le moins possible à l'arbitraire du juge, *optima lex quæ*

minimum judici relinquit. L'étude que nous ferons ensemble de la législation qui a précédé celle qui nous régit aujourd'hui vous confirmera, je le crois, dans cette opinion.

Vous apercevez maintenant, Messieurs, par les réserves mêmes que nous avons dû faire, l'utilité que peut présenter un cours d'introduction à l'étude du droit. Si, d'une part, l'idée que nous nous sommes faite de la grandeur et de la dignité de la science du droit n'est pas exagérée; si, d'autre part, l'enseignement de notre législation positive présente d'inévitables lacunes, n'y aurait-il pas quelque profit à tirer d'un cours qui essayerait d'en combler quelques-unes?

L'Université l'avait bien compris. L'article 2 de la loi du 24 ventôse an XII prescrivait d'enseigner, avec le droit civil français dans l'ordre du Code civil, les *éléments du droit naturel et le droit romain dans ses rapports avec le droit français.* Quelques années plus tard, une ordonnance royale du 4 octobre 1820 traçait ainsi le programme des cours de première année pour la faculté de Paris : « Les étudiants de la faculté de droit de l'Académie de Paris suivront pendant la première année : 1° le cours de droit naturel, de droit des gens et de droit public général; 2° le premier cours du Code civil français; 3° l'histoire du droit romain et du droit français. » Ce programme était excellent; malheureusement, il n'a pas été sérieusement appliqué. Le cours de droit naturel n'a pas tardé à être supprimé; le cours d'histoire du droit a bien été maintenu, mais transporté en quatrième année, il a cessé d'être un cours élémentaire pour devenir un cours complémentaire des études de droit, réservé aux seuls docteurs. Le programme de la première année de droit ne comprenait plus ainsi, comme aujourd'hui, qu'un cours de Code civil et un cours de droit romain.

Cependant ce cours préparatoire qui manquait aux facultés françaises était professé dans toutes les universités étrangères; il existait depuis le dix-septième siècle en Allemagne, où ce genre d'enseignement avait reçu de Pütter, en 1767, le nom d'*encyclopédie du droit.* Il s'y joignait d'ordinaire un cours de *méthodologie du droit,* ayant pour objet de faire connaître les meilleures

classifications des matières juridiques et les méthodes les plus convenables. Cet enseignement ne présenterait pas en France un intérêt suffisant pour pouvoir faire l'objet d'un cours particulier, puisque l'ordre des matières enseignées est indiqué par des règlements officiels qui ne font du reste que se conformer à l'ordre même de nos codes. Mais l'utilité d'un cours d'encyclopédie était évidente ; aussi, en 1840, un ministre philosophe, M. Cousin, proposait-il au roi la création à la faculté de Paris d'un *cours d'introduction générale à l'étude du droit*, destiné aux étudiants de première année. « Quand les jeunes étudiants se pré-
« sentent dans nos écoles, écrivait-il, la jurisprudence est pour
« eux un pays nouveau dont ils ignorent absolument et la carte
« et la langue. Ils s'appliquent d'abord au droit civil et au droit
« romain, sans bien connaître la place de cette partie du droit
« dans l'ensemble de la science juridique, et il arrive, ou qu'ils
« se dégoûtent de l'aridité de cette étude spéciale, ou qu'ils y
« contractent l'habitude des détails et l'antipathie des vues géné-
« rales. Une telle méthode d'enseignement est bien peu favorable
« à de grandes et profondes études. Depuis longtemps tous les
« bons esprits réclament un cours préliminaire qui aurait pour
« objet d'orienter en quelque sorte les jeunes étudiants dans le
« labyrinthe de la jurisprudence ; qui donnât une vue générale
« de toutes les parties de la science juridique, marquât l'objet
« distinct et spécial de chacune d'elles, et en même temps leur
« dépendance réciproque et le lien qui les unit ; un cours qui
« établirait la méthode générale à suivre dans l'étude du droit
« avec les modifications particulières que chaque branche ré-
« clame ; un cours enfin qui ferait connaître les ouvrages im-
« portants qui ont marqué les progrès de la science. Un tel
« cours relèverait la science du droit aux yeux de la jeunesse
« par le caractère d'unité qu'il lui imprimerait.... Il importe de
« présenter l'ensemble de toute la science et d'en faire bien saisir
« l'esprit et l'unité. Cette image de la grande encyclopédie juri-
« dique que forme une école de droit, offerte aux étudiants, leur
« communiquera dès l'entrée de la carrière une impulsion gé-
« néreuse, imprimera dans leur pensée et dans leur âme le

« sentiment et le respect du droit, et les intéressera à toutes les
« parties de la science, quelle que soit celle qu'ils se proposent
« de cultiver un jour spécialement[1]. »

La chaire créée conformément à ce rapport, qui en indiquait
si bien l'utilité, — et dont pour ce motif j'ai tenu à vous lire les
principaux passages, — fut confiée à M. de Portets, à qui suc-
céda un des professeurs les plus justement écoutés de la faculté, M. Duverger. Si l'heureuse création de M. Cousin s'était
maintenue jusqu'à ce jour, je ne serais pas appelé aujourd'hui
au périlleux honneur de professer devant vous un cours d'introduction à l'étude du droit; mais peu de temps après l'établissement de l'Empire, un décret supprimait le cours créé par
M. Cousin; c'était le temps où la philosophie était exclue de
l'enseignement des lycées. Ce rapprochement en dit assez sur
l'esprit qui avait inspiré la suppression de ce cours.

L'utilité d'un cours d'introduction à l'étude du droit étant dé-
montrée, il reste à déterminer ce que doit comprendre un pareil enseignement.

Je n'ai pas assurément, Messieurs, la prétention de vous enseigner toutes les sciences que Cicéron exige du jurisconsulte
parfait; les connaissances qu'il veut dans un jurisconsulte ne
peuvent point être l'objet d'un enseignement unique et l'œuvre
d'une seule année de cours; c'est l'affaire de l'éducation et de
la vie tout entières. C'est à chacun de nous à tâcher de réaliser
dans la limite de ses forces l'idéal tracé par l'orateur romain.
La connaissance des littératures est sans doute utile au jurisconsulte, et lorsque vous étudierez nos grands juristes du
seizième siècle, les Cujas, les Godefroy, les Dumoulin, les
D'Argentré, vous serez émerveillés de la prodigieuse érudition
littéraire dont chacune de leurs pages porte la marque; mais
c'est l'affaire du professeur de littérature d'enseigner les lettres; ce n'est point celle d'un professeur de droit. Je dirai la
même chose d'un grand nombre d'autres sciences qui sont nécessaires au jurisconsulte : ce n'est pas à l'École de droit qu'il

1. Moniteur du 30 juin 1840.

peut les apprendre. D'autre part, le programme tracé par M. Cousin me semble trop restreint : l'indication des différentes branches du droit, l'énumération des grands jurisconsultes et des principaux ouvrages doivent sans doute se trouver dans un cours d'introduction à l'étude du droit, mais ne peuvent faire l'objet principal de cet enseignement. Ce n'est donc ni à Cicéron, ni à M. Cousin que j'irai demander le programme de mon cours : j'aime mieux suivre les conseils de Leibnitz et de Daguesseau, qui, tous les deux, le premier dans son opuscule intitulé *Nova methodus discendæ docendæque jurisprudentiæ*, le second dans les *Instructions* adressées à son fils, se sont proposé d'indiquer les études propres à former un jurisconsulte.

Ces études sont de deux sortes : les unes doivent être regardées comme accessoires et complémentaires, les autres comme préliminaires et préparatoires. Celles-ci peuvent seules faire l'objet d'un cours d'introduction à l'étude du droit, dont le but doit être, si vous voulez bien me passer l'expression, de jeter un pont entre les dernières études du collége, la philosophie et l'histoire, et les études de l'école de droit. Philosophie du droit, histoire du droit, tels me paraissent être les objets essentiels d'un pareil cours.

Qu'est-ce que la philosophie du droit ?

Les hommes vivant en société sont soumis à des lois positives promulguées par des législateurs humains. Quelle est l'autorité de ces lois ? N'en ont-elles pas d'autre que celle du pouvoir qui les établit, et n'y a-t-il d'autre droit que la force? C'est à cette question que répond la *philosophie du droit* ou *science du droit naturel*. Elle recherche le fondement philosophique de la justice; elle fait voir qu'il y a des principes antérieurs et supérieurs à toutes les législations positives et dont celles-ci doivent s'inspirer. « Le rôle du législateur, disait Portalis dans le discours préliminaire du projet de Code civil, est celui de respectueux interprète de la raison. » Elle détermine ensuite quels sont, parmi les devoirs qui s'imposent à la conscience, ceux qui peuvent être légitimement, de la part du législateur, l'objet d'une coercition sociale; elle pose le *criterium* qui distingue le droit de la morale. C'est là une science nouvelle née du christianisme, ignorée de l'antiquité, car la condition de son existence est la reconnaissance du droit de l'individu. Or vous savez comment, dans les sociétés antiques, l'individu était absorbé dans l'État; il n'avait de droits que comme membre d'un État, comme citoyen, jamais comme homme : sur ce point, les républiques antiques avaient réalisé l'idéal de la république imaginaire de Platon. Ce n'est pas à dire qu'on ne trouve reconnus chez plusieurs publicistes de l'antiquité, chez Platon lui-même, chez Aristote, chez Cicéron, certains principes de droit naturel. Cicéron, par exemple, a bien dit que c'était à la philosophie qu'il fallait aller demander le principe des lois : « *Penitus ex intima philosophia hauriendam juris disciplinam,* » et que c'est en étudiant l'homme qu'on pourra connaître quelles lois doivent le régir : « *Natura juris explicanda ab hominis natura.* » Il a parlé avec une éloquence qui n'a jamais été dépassée de cette loi éternelle, universelle, immuable, qui ne saurait être contredite par une autre, qui n'est pas autre à Rome, autre à Athènes, qui est aujourd'hui et qui sera demain, une, impérissable, à qui Dieu même donna la naissance, la publicité et la sanction, que l'homme ne peut méconnaître sans se fuir lui-même et sans renier sa nature[1]. Mais il a manqué à la philosophie antique la connaissance du but même du droit, qui est de protéger la liberté individuelle dans son développement légitime et extérieur. Ce n'est guère qu'au commencement du dix-septième siècle, après les travaux de la philosophie et de la théologie du moyen âge, que le droit naturel a été élevé à la dignité de science constituée par le Hollandais Grotius; le traité *De jure belli ac pacis* est de 1625. Depuis cette époque, le droit naturel s'est développé sous l'influence du grand mouvement philosophique du dix-septième siècle, avec Puffendorf, Leibnitz, Wolf, Domat, Thomasius, Kant, et ses principes ont été admis par les rédacteurs du Code civil. En tête du projet primitif se trouvait un article ainsi conçu : « Il existe un droit universel et

1. *De Republ.,* III, 17.

immuable, source de toutes les lois positives. Il n'est que la
raison universelle en tant qu'elle gouverne les hommes. » Cet
article a été supprimé comme trop théorique : l'œuvre d'un législateur, a-t-on dit, est de faire des lois pratiques, non d'énoncer des maximes de philosophie ; *legis est imperare.* Mais l'idée
qu'il exprimait n'a pas cessé d'inspirer les rédacteurs du Code.
Elle se retrouve en tête d'une de nos dernières constitutions. Le
numéro 3 du préambule de la Constitution du 4 novembre
1848 contenait la disposition suivante : « Il y a des devoirs et des
droits antérieurs et supérieurs aux lois positives. » Dans la discussion, quelqu'un précisa l'idée en ces termes : « Les lois dé-
clarent les droits ; elles ne les créent pas. »

Vous apercevez, Messieurs, l'utilité de la connaissance du
droit naturel pour le jurisconsulte et le législateur. Elle justifie
aux yeux du premier la science à laquelle il consacre sa vie.
Si le droit n'était pas lié à ces principes supérieurs de justice
absolue, s'il était vrai de dire avec Pascal : « Comme la mode
fait l'agrément, aussi fait-elle la justice, » son étude n'offrirait
à l'esprit qu'une suite de dispositions arbitraires qu'un caprice
fait naître et qu'un caprice détruit, bien peu digne d'occuper
les instants si courts d'un être fait pour la vérité. Mais uni à
la philosophie et au devoir, le droit prend aux yeux de celui
qui l'étudie une singulière grandeur, en lui faisant apercevoir, derrière les dispositions parfois arbitraires de la loi positive, un idéal vers lequel marchent les législations.

La connaissance du droit naturel a encore pour le jurisconsulte, pour le magistrat, une utilité plus pratique. Quelque
claire, quelque complète que soit une législation, elle ne peut
manquer de présenter des obscurités ou des lacunes. N'est-ce
pas aux principes du droit naturel bien plutôt qu'à de vagues
sentiments d'équité que le juge tenu de juger, sous peine de
déni de justice, même dans le silence, l'obscurité ou l'insuffisance
de la loi (art. 4, C. c.), devra aller demander les motifs de sa
décision ?

Si la science du droit naturel est utile au jurisconsulte, elle
l'est plus encore au législateur. Le législateur n'est pas tenu de

revêtir de son autorité toutes les règles reconnues par la science rationnelle comme pouvant être légitimement sanctionnées par le pouvoir social, mais du moins ne peut-il rien établir de contraire à ces vérités. C'est là un point sur lequel il n'est peut-être pas superflu d'insister. Sous la monarchie, on considérait volontiers comme légitime tout ce qui était établi par la volonté royale : « *Quod principi placuit legis habet vigorem,* » disaient les Instituts de Justinien. *Tel est notre bon plaisir,* portent les ordonnances de nos rois [1]. Pour avoir déplacé la source du pouvoir, n'imaginons pas avoir supprimé l'erreur. C'est une illusion trop commune aux sociétés démocratiques, que de s'imaginer que le pouvoir arbitraire change de nature en changeant d'origine, que les majorités peuvent tout faire et que le peuple, comme le soutenait au dix-septième siècle le ministre Jurieu, est la seule autorité en ce monde qui n'ait pas besoin de la raison pour valider ses actes. C'est au droit naturel à combattre ces erreurs contre lesquelles Xénophon avait déjà à s'élever dans les républiques de la Grèce [2], et à faire voir que tout ce qui est légal n'est pas légitime, et que, selon le mot de Bossuet, *il n'y a pas de droit contre le droit.*

Cependant l'étude exclusive du droit naturel peut avoir ses dangers. Le principal est celui de l'utopie. Si l'on se livre exclusivement à la spéculation, sans ramener de temps à autre ses regards vers la terre, on court risque de s'égarer et de prendre ses rêveries pour des réalités. Mais arrivât-on à créer le système de droit naturel le plus irréprochable en théorie, il faudrait encore se garder d'une illusion, ce serait de croire que le droit positif peut sanctionner toutes les vérités établies par le droit naturel. C'est contre cette illusion que peut le mieux nous mettre en garde l'étude de *l'histoire du droit* dont il nous reste à parler.

---

1. C'est en ce sens d'omnipotence royale qu'a fini par être entendue la formule finale des ordonnances qui n'avait point à l'origine cette signification autoritaire. C'était tout bonnement la traduction du mot *placuit* apposé par le roi au bas des actes latins présentés à son approbation.

2. Socrate, *Memor.,* lib. I, c. II, 40.

Le publiciste fait la science du droit naturel ; il détermine quels sont les devoirs qui peuvent légitimement faire l'objet d'une coercition extérieure de la part du législateur. Celui-ci choisit parmi les devoirs déterminés par le publiciste ceux qui dans l'état actuel des esprits et des mœurs peuvent être revêtus de la sanction de la force. Le publiciste indique ce qui doit être, le législateur décrète ce qui peut être ; le publiciste ce qui est bien, le législateur ce qui est possible dans le bien. Le droit naturel est l'idéal du législateur positif, mais c'est un idéal que les plus grands législateurs n'ont pu atteindre. Solon, au rapport de Plutarque, interrogé si les lois qu'il avait données aux Athéniens étaient les meilleures : « Je leur ai donné, dit-il, les meilleures de celles qu'ils pouvaient souffrir. » La sagesse divine disait au peuple juif : « Je vous ai donné des préceptes qui ne sont pas bons, » c'est-à-dire qui n'avaient qu'une bonté relative[1]. Quand les pharisiens demandaient à Jésus-Christ pourquoi Moïse avait permis le divorce, il leur répondait : « C'est à cause de la dureté de votre cœur[2]. »

Voilà la leçon que nous donne l'histoire du droit, méritant ainsi tout aussi bien que l'histoire générale l'éloge qu'en fait Cicéron : l'histoire, maîtresse de la vie, *historia magistra vitæ*. Elle ajoute aux lumières de la philosophie les leçons de l'expérience. Elle forme le sens critique du jurisconsulte ; elle lui apprend à juger les institutions non pas d'une façon absolue, mais en tenant compte des mœurs de la société qu'elles régissent. En montrant dans la suite des législations qui se sont succédé la variété des formes qu'ont revêtues les institutions juridiques des divers peuples, mais en même temps, sous ces formes différentes, la persistance de certains principes communs à tous les pays et à tous les temps en matière d'organisation de la famille et de la propriété, elle met en garde à la fois contre l'esprit d'utopie qui veut tout détruire, et contre l'esprit de routine qui prétend ne rien changer.

1. Montesquieu, *Esprit des Lois*, xix, 21
2. Matth., xix, 7 et 8.

Voilà, à coup sûr, un profit considérable que nous pourrons retirer de l'étude historique du droit. Il en est deux autres qu'il me reste à vous signaler. Ne dussiez-vous jamais plaider une cause, ni ouvrir le Code, je vous dirais : Voulez-vous connaître et comprendre sérieusement l'histoire, étudiez les institutions juridiques d'un peuple. Ç'a été longtemps la méthode des historiens de ne regarder dans la vie des peuples que les côtés éclatants qui frappent tout d'abord la vue : guerres, traités, révolutions, toutes choses qui ne sont, à le bien prendre, que les accidents de cette vie, et de négliger ce qui fait le fond même de l'existence nationale. Croire qu'on connaît un peuple parce qu'on sait ces événements, c'est l'illusion de celui qui s'imaginerait connaître un homme dont il aurait étudié les maladies. Ces événements eux-mêmes ne peuvent s'expliquer qu'autant qu'on connaît la vie normale de la nation. Notre siècle a inauguré une étude plus rationnelle de l'histoire; il a voulu pénétrer dans l'intimité de la vie des peuples; il a pensé que la religion d'un peuple, sa philosophie, sa littérature, ses arts, ses institutions politiques, méritaient autant l'attention que le compte de ses victoires et de ses défaites. Si cette façon de comprendre l'histoire est exacte, l'histoire du droit doit faire un des chapitres les plus importants et les plus instructifs de l'histoire générale, puisque c'est surtout dans le droit que se manifestent les mœurs, les tendances, la vie de tous les jours, ces mille détails, inaperçus de l'observateur distrait, et qui constituent pourtant la physionomie et le caractère d'une nation.

Il y a enfin, Messieurs, un dernier intérêt — et c'est pour nous le plus pratique — à connaître l'histoire du développement des institutions juridiques; c'est que la législation qui nous régit, que nous sommes appelés à étudier et à appliquer, est inintelligible sans la connaissance de celles qui l'ont précédée. Nous sommes loin de ces temps de la Convention où l'on voulait rompre complétement avec l'ancienne France et couper en deux notre histoire; où l'on prétendait faire un code de lois absolument nouvelles, sans racines dans le passé; où, en fait de tradition, on allait s'inspirer des lois de Minos. Ces chimériques prétentions n'ont pas été partagées par les rédacteurs du Code; Portalis a dit dans son *Discours préliminaire* : « Le temps fait les codes, mais on ne fait pas les codes. » L'humanité, pas plus que la nature, n'agit par sauts : une succession insensible de degrés intermédiaires unit le passé au présent; c'est mal comprendre nos lois que de les isoler et de vouloir les interpréter par elles seules quand tout le passé est là pour leur servir de commentaire[1]. Il y a sans doute dans les codes du Consulat des principes nouveaux, introduits par la Révolution, et dont l'influence se fait sentir sur un grand nombre d'institutions; ces principes nouveaux sont l'égalité de tous devant la loi et la séparation de l'ordre civil et de l'ordre religieux. Voilà ce qui constitue vraiment l'esprit du Code; pour tout le reste, le Code n'a fait que résumer notre ancienne législation, telle que nous la trouvons dans Pothier, qui l'avait étudiée chez nos grands jurisconsultes du seizième siècle et du dix-septième, interprètes eux-mêmes de nos anciennes coutumes et du droit romain; en sorte que pour comprendre chacune de nos institutions juridiques, il est nécessaire d'en suivre l'histoire depuis l'époque où s'établissent sur le sol de la Gaule les divers peuples dont la fusion a constitué la nation française, et dont les coutumes et les lois, se pénétrant les unes les autres, ont formé le droit français. Pour être absolument complet dans nos études, il nous faudrait même remonter plus haut et, de même que la philologie contemporaine va chercher dans les langues de l'extrême Orient l'origine de nos langues modernes, il nous faudrait aller demander aux anciens habitants de ces plateaux de l'Asie d'où sont descendus nos pères, Gaulois, Romains ou Francs, comment chez eux étaient organisées la famille et la propriété. L'avenir nous réserve sans doute sur ces anciennes législations, encore si peu connues, plus d'une surprise. « Le présent, a dit un des historiens de nos origines nationales, M. Amédée Thierry, est bien souvent une énigme dont le mot oublié des enfants ne se retrouve plus que dans le berceau des pères. » Pour aujourd'hui,

1. Klimrath, *Essai sur l'étude historique du droit et son utilité pour l'interprétation du Code civil*, 1833.

c'est à l'étude des éléments nationaux de notre droit que nous devrons nous restreindre.

L'élément philosophique, l'élément traditionnel, ces deux éléments nécessaires de toute législation, voilà ce qui doit faire l'objet de nos études. Sur le premier point je serai très-bref. Je ne me sens point l'autorité suffisante pour traiter devant vous ces hautes questions de philosophie du droit qui font dans toutes les universités étrangères l'objet d'un cours particulier. J'espère bien que la Société d'Éducation rendra quelque jour aux études de droit le service de créer cet enseignement si important qui manque à nos facultés françaises. Je m'en tiendrai donc sur ce premier point aux notions essentielles. Comme nous devons étudier pendant toute une année l'histoire du droit, il nous faut bien savoir si le droit existe réellement; il nous faut aussi avoir un *criterium* pour juger les institutions. Mais c'est l'histoire du droit qui fera l'objet principal de cet enseignement. Ainsi restreinte, la matière est encore assez vaste pour que je n'aie guère l'espoir de pouvoir la traiter complétement dans le cours d'une seule année. Je m'attacherai du moins à vous faire bien connaître les institutions les plus importantes. Si ces leçons peuvent inspirer à quelques-uns d'entre vous le goût de l'histoire du droit, je croirai avoir atteint le but de ce cours. Nous allons étudier ensemble une science toute française : elle a été créée par notre grande école historique du seizième siècle. L'Allemagne, sans doute, peut être fière des travaux qu'elle a produits, en ce siècle, dans cette branche de l'érudition : elle en a le droit. Mais sur ce point, comme sur bien d'autres, nous avons été ses maîtres : sachons nous en souvenir. Pour conserver, pour reconquérir, si l'on veut, sa supériorité intellectuelle comme sa supériorité politique, la France n'a qu'à se souvenir. Mais, pour ce grand œuvre de restauration nationale, elle a besoin du concours de tous : c'est le devoir des plus humbles d'y travailler.

DISCOURS

PRONONCÉ A L'OUVERTURE DU COURS

DE SCIENCE SOCIALE

A L'ÉCOLE LIBRE DES HAUTES ÉTUDES

LE 19 NOVEMBRE 1873

Par M. Antonin RONDELET, professeur de faculté

Messieurs,

L'auditoire devant lequel j'ai l'honneur de prendre aujour-
d'hui la parole se compose, ainsi qu'il arrive toujours dans une
leçon d'ouverture, de deux sortes de personnes.

Je vois ici, d'abord, les jeunes hommes qui, durant toute
l'année dernière, n'ont manqué aucune de nos séances. Non-
seulement ils ont accompagné le professeur dans toutes les réflexions où il les a conduits, prenant des notes durant les conférences et les rédigeant ensuite d'une façon plus profitable et
plus définitive, mais ils y ont ajouté presque tous des travaux
personnels, des recherches originales sur lesquelles la discussion s'ouvrait dans des conférences supplémentaires. Chacun
d'eux a pu ainsi recevoir une direction particulière, des indi-
cations qui lui étaient utiles et des conseils qui convenaient à
la nature de son esprit. Fortifiés par les heureux résultats de
cette première expérience, nous mettrons en œuvre cette année
la même méthode, et nous comptons de leur part sur la même
bonne volonté.

Les autres auditeurs qui m'honorent aujourd'hui de leur présence m'apparaissent à bon droit, non plus comme des disciples, mais comme des juges, et, s'ils me permettent de le dire, comme des juges bienveillants. La haute situation qu'ils occupent, les devoirs considérables qui les réclament, la parfaite connaissance des sujets qui se traitent ici, devaient en effet les retenir loin de cette chaire. Ils n'étaient point ici hier, et je ne saurais avoir aucune prétention de les y retrouver demain. C'est donc tout à la fois pour moi un devoir et une bonne fortune de soumettre à leur jugement, avec les résultats de notre dernier cours, le programme de celui que nous nous proposons de faire cette année.

Nous avons débuté par établir les principes fondamentaux de la science sociale. Nous avons considéré la famille, d'abord dans ses liens essentiels, puis en tant qu'elle se développe dans l'ordre civil. Nous sommes ainsi conduits à la considérer dans son développement et dans son régime économiques. C'est précisément ce point de vue qu'on appelle aujourd'hui, par une dénomination pleine de vague et de menaces, la *Question ouvrière*. Moi-même, je ne prononce pas ces mots sans une certaine appréhension. Cette appréhension n'est que trop justifiée par les orages dont on voit de toutes parts s'accuser les symptômes et grandir le péril. Les choses en sont venues à ce point que peu de personnes parviennent, dans la discussion de ces problèmes irritants, à conserver l'intégrité de leur sang-froid : la frayeur comme l'envie troublent à la fois les idées, et la crainte de perdre par violence ôte souvent l'envie de céder par justice. Nous sommes. Messieurs, dans la situation de ces médecins qui, après avoir fait de l'anatomie sur le cadavre, viennent, au lit du malade, continuer leurs études sur le sujet vivant : il ne leur est pas possible de porter la main sur les plaies, même pour les sonder et pour les guérir, sans entendre les cris de la nature qui se révolte contre la douleur, et leurs intentions ne suffisent pas toujours pour prévenir les défiances et pour arrêter les imprécations de ceux qui souffrent.

Notre premier soin a été de distinguer fortement la véritable science sociale de l'économie politique vulgaire, telle qu'elle est conçue aujourd'hui par beaucoup de nos savants, pratiquée par quelques hommes d'État et prônée jusque dans les Académies. L'économie politique empirique met son honneur non-seulement à se détacher de toute philosophie et de toute métaphysique, mais encore à les ignorer parfaitement. Elle n'y réussit que trop, et la méthode à laquelle elle tient à orgueil de se réduire ne pouvait pas la conduire à un autre résultat. C'est ainsi qu'en-sevelie à plaisir dans la considération de l'utile et de la richesse, elle repousse en dehors de ses cadres les lois morales qui en déterminent l'origine, en règlent l'échange, en vivifient l'emploi. C'est ainsi que réduite à prendre le besoin pour un principe et la jouissance pour une fin, elle substitue à l'harmonie des devoirs la lutte des intérêts, et nous enseigne tour à tour une production sans motif, un échange sans justice, une consommation sans frein. La loi de l'offre et de la demande, c'est-à-dire une mécanique abstraite et sans pitié, lui paraît l'idéal d'une société sans entrailles et en quelque sorte le dernier mot du matérialisme social.

Je n'ai pas besoin de vous dire, Messieurs, que nous ne pouvions nous en tenir à cette méthode ni accepter ce programme. Au fond, la science de l'économie politique ainsi amoindrie n'est pas autre chose que la dernière continuation du dix-huitième siècle. C'est l'empirisme de Condillac transporté du domaine de la psychologie dans les régions plus vastes de l'organisation sociale. Il y entraîne la même incertitude, les mêmes doutes, les mêmes erreurs.

La science sociale enveloppe et dépasse cette économie politique secondaire : elle lui fournit les principes qui lui manquent. Elle est en mesure de résoudre par leur côté moral tous les problèmes matériels qui n'ont point en eux-mêmes leur propre raison d'être.

L'homme ne doit pas être considéré, suivant les errements d'une philosophie étroite et exclusive, comme portant en lui-même le point de départ et l'explication de son développement. De la même façon qu'au point de vue physique on ne saurait le concevoir en dehors du milieu où il trouve l'air respirable, tout de même, au point de vue moral, on ne peut pas se le représenter autrement qu'au sein d'une société où il naît, où il vit, où il se développe. Sous sa forme primordiale, cette société qui lui est absolument indispensable se réduit à un bien petit nombre de membres, le père et la mère dont l'union donne naissance à l'enfant. C'est ainsi que l'homme vient au monde au sein de la famille où il trouve son milieu naturel, tandis que la famille à son tour devient un des éléments intégrants et constitutifs de l'ordre social.

Il ne faut donc point, si l'on en veut faire une étude réelle, se contenter de prendre les faits sociaux par le dehors comme s'ils n'avaient pas d'âme et pas de raison d'être. Tout au contraire, il faut considérer qu'en tenant compte comme on le doit, dans une certaine mesure, des circonstances extérieures, il ne saurait y avoir dans la société rien de plus que ce qui se trouve dans la famille, et rien de plus dans la famille que ce qui se trouve dans l'individu. La conscience qui nous prescrit nos devoirs au regard de nous-même, étend ces prescriptions dans le cercle du foyer domestique, et ne demeure pas muette lorsqu'il s'agit de régler nos rapports avec nos concitoyens.

C'est à ce point de vue élevé que se sont placés les anciens philosophes lorsqu'ils ont traité, dès les premiers temps de la réflexion, de la morale sociale. C'était là la vraie doctrine de Platon et d'Aristote, de Pythagore, de Xénophon, des Alexandrins, et plus tard, dans les écoles du moyen âge, cette étude des phénomènes sociaux n'a jamais cessé d'être en honneur: les plus grands génies dans l'ordre laïque comme les plus grands théologiens en ont fait le sujet de leurs travaux et la matière de leurs enseignements. Il fallait en venir à notre temps, il fallait avoir subi, dans l'ordre de la pensée, la déplorable influence du dernier siècle, pour s'imaginer qu'on découvrait, sous le nom d'économie politique, une science neuve et inconnue, tandis qu'on se contentait d'amoindrir et de décapiter la plus haute application de l'éthique.

La définition de l'objet et du but de la science sociale suffit pour en déterminer la méthode, et c'est cette méthode que nous nous sommes efforcés d'appliquer dans la mesure de nos forces, de votre temps, de votre bonne volonté.

La constitution de la famille a dû d'abord attirer notre attention.

C'est là, c'est entre les mains du père et de la mère que se fonde l'existence et que se prépare l'avenir de l'enfant.

Un triple problème a dû tout d'abord attirer notre attention.

Il faut expliquer la formation physique de la créature humaine. C'est là ce que l'on appelle la constitution de la race.

Il faut montrer ensuite comment l'intelligence se forme par l'instruction, enfin comment le caractère se constitue par l'éducation.

Nous avons consacré à chacune de ces grandes questions le temps et les recherches qu'elles demandent.

La question de la formation et de la continuité des races nous a d'abord occupés.

Nous nous sommes trouvés en présence de deux systèmes également faux et jouissant tous deux aujourd'hui, grâce à la décadence manifeste de la raison politique, d'une grande notoriété, pour ne pas dire d'une grande réputation.

Quelle est l'origine de la race humaine et comment en expliquer à un moment donné, dans l'histoire des civilisations, les aptitudes, les tendances, les caractères?

D'où vient qu'il s'est trouvé de notre temps une parole pour dire et des voix pour répéter que l'homme descend du singe; que, contrairement à toutes les lois de la science logique aussi bien que du sens commun le plus vulgaire, le mouvement d'où résulte la race humaine, s'accomplit en sens inverse de tout ce que nous sommes dans l'habitude de croire et dans la nécessité de pratiquer? Chacune de ces évolutions chimériques et contradictoires ferait sortir de degré en degré le plus du moins, et le supérieur de l'inférieur. Toute l'explication de l'univers se réduirait ainsi à une série non interrompue d'effets sans causes, et les races se constitueraient par les mêmes raisons qui suffisent aujourd'hui pour les détruire.

Je n'insiste pas, Messieurs, sur ces considérations qui doivent vous être suffisamment présentes.

Ce premier examen amenait celui de la doctrine non moins funeste et peut-être plus accréditée qui, sans rechercher l'origine primordiale de la race, la considère comme une résultante du milieu dans lequel elle se trouve située. L'homme, dans ce système, au lieu d'être le lent effet d'une série progressive, devient une conséquence et comme un accessoire des faits matériels auxquels il est soumis. C'est là la célèbre théorie des milieux qui transforme en lois fatales des influences incontestables. Autant il est certain que le développement extérieur de nos énergies internes doit subir le contre-coup des obstacles qui l'entravent ou profiter des facilités qui le favorisent, autant il est hors de doute que le fond même de notre nature n'a point sa raison d'être et son principe de causalité dans cette atmosphère du dehors. Ce n'est pas là qu'il faut chercher l'explication de notre être, même au point de vue physique. C'est dans l'ordre moral que les âmes s'engendrent comme le corps.

Nous avons insisté, Messieurs, comme il convenait, sur cette grande et mystérieuse loi de la génération et de la solidarité humaines. Nous avons fait ressortir cet ordre providentiel qui reliant les enfants aux pères et aux mères, permet à ceux-ci de léguer à leur descendance, non pas seulement certains traits généraux de la conformation, certaines prédispositions ou certaines habitudes physiques, mais encore une part considérable et éclatante de ce que leur âme contient de meilleur. Il est certain qu'en raison de la même loi sur laquelle se trouve humainement fondé le péché originel, les parents transmettent à leurs fils un commencement de vertu, de force et de grandeur morales. Ce qu'il y a de meilleur en eux et ce qui paraît le moins susceptible d'être légué, cet héritage précieux d'exquise délicatesse, d'héroïsme dévoué, de volonté persévérante, se retrouve dans ces jeunes âmes déjà avancées dans le bien dès leur berceau, et par contre la postérité du criminel apporte avec elle en abordant la lutte de la vie, je ne sais quel découragement précoce et quelle impuissance funeste qui attirent plus violemment leurs âmes du côté des abîmes.

Ces remarques, Messieurs, nous conduisaient à poser, dans ces régions élevées, le problème de la Providence et de la justice divines. Nous l'avons abordé, non pas avec la présomption de l'audace philosophique, mais avec le sang-froid de la tranquillité chrétienne. Vous avez vu avec quelle facilité s'évanouit l'épouvante de cette apparente antinomie. Dieu en effet n'applique point la même mesure à tous les actes humains, Il les juge, ainsi qu'il convient à sa sagesse et à sa science souveraines, non point par le dehors, mais par le dedans. Il sonde les reins et les cœurs, suivant la parole de l'Écriture; et, suivant le témoignage de l'Évangile, il sait quel nombre de talents il a confiés à chacun de ses serviteurs. Il ne s'agit donc pas pour les hommes de produire en ce monde les mêmes actions, mais, étant donnée la diversité inévitable de leur point de départ, de faire les mêmes preuves de bonne volonté et de fournir, avec la grâce de Dieu, la même somme d'efforts moraux. Telles sont les considérations qui nous ont servi de point de départ pour concilier, dans l'ordre social, le phénomène de la transmission de la race par le sang et l'égalité de la justice divine dans le gouvernement des populations.

L'enfant ne reçoit pas seulement de son père et de sa mère les soins matériels qui lui sont indispensables et sans lesquels il périrait infailliblement, il faut encore que cette âme éclose à la vérité et au devoir; il faut que l'intelligence s'ouvre à la connaissance de ce qui est, que le caractère se forme à la pratique de ce qui se doit.

C'est une illusion des philosophes abstraits, laquelle marche de pair avec leurs autres illusions, de regarder l'intelligence humaine comme prenant son point d'appui en elle-même et sa moralité comme s'assurant en ses propres forces pour se former à la règle du devoir. Cette conception purement arbitraire n'est point, comme on le prétend, l'histoire de la réalité, mais le roman de la science philosophique. La vérité est que, suivant l'énergique parole de Joseph de Maistre, « l'homme naît dans la société et qu'il y demeure. » On en peut dire autant, et à plus forte raison, de la famille. Dès que l'on consent à sortir des abstractions et à considérer ce qui est, il est facile de s'apercevoir que nos facultés intellectuelles entrent effectivement en jeu parce qu'elles sont d'abord provoquées par la parole, puis conduites et disciplinées par l'enseignement. Il en va de même du caractère et de la formation de la volonté : l'âme va au bien, non point par sa force et son instinct propres, mais parce que ce bien lui est appris et révélé.

De là le double problème de la formation de l'homme intellectuel et moral par ce que l'on appelle communément l'instruction et l'éducation.

Nous avons abordé ensemble les difficultés que soulèvent les préjugés et les ignorances contemporaines à l'endroit de ces grands principes sociaux.

Nous avons examiné tour à tour les espèces, la matière et l'organisation de l'enseignement auquel est soumise la jeunesse.

On ne peut nier que notre temps n'ait des prédilections bien marquées. On n'entend parler autour de soi que de la nécessité de renforcer l'enseignement des sciences, comme aussi de donner aux esprits une éducation plus particulièrement technique et professionnelle. Ce phénomène nous a paru singulièrement curieux à étudier, et l'enthousiasme irréfléchi avec lequel on se jette de ce côté nous faisait un devoir d'examiner avec plus de soin et de rigueur la tendance comme la portée de ces prétentions.

Vous vous rappelez, Messieurs, que nous sommes entrés dans le fond même de la question. Nous avons repris par le principe cette vieille querelle, cette éternelle rivalité des sciences et des lettres. Nous avons cherché nos arguments non point dans les résultats contestables qu'elles enfantent, mais au sein même de l'esprit humain, dans l'action qu'elles exercent et dans

le pli qu'elles impriment à nos facultés. Il y a là toute une série
de faits psychologiques que trop souvent on ne se met point en
peine d'observer, et qui cependant suffisent à lever tous les
doutes. Ces mêmes vues éclairent d'un jour nouveau la question
de l'enseignement professionnel et technique. Vous avez touché du doigt, Messieurs, l'abus des espérances inconsidérées et
marqué la limite des prétentions raisonnables.

Il ne suffit pas d'arrêter au point de vue d'une saine philosophie les programmes de l'enseignement, il faut encore savoir de
quelle façon cette instruction sera donnée. Ici s'élèvent les uns
contre les autres, dans l'antiquité comme dans les temps modernes, les droits fondés ou prétendus de l'État et du père de
famille. Faut-il, par un retour à la législation de Sparte et d'A-
thènes, regarder en quelque sorte l'enfant comme une propriété
publique dont les parents auraient à peine la jouissance ? Ou
bien remontant au droit romain des douze tables, faut-il resti-
tuer au chef de la famille ce droit inexorable de vie et de mort
qui pesait sur les descendants jusqu'à la dernière heure de l'an-
cêtre ?

Sans revêtir ces formes excessives et sans tomber dans ces
extrémités, vous avez vu, Messieurs, avec quelle vivacité et
quelle passion cette question est aujourd'hui controversée dans
la pratique. Non-seulement les grands États civilisés ont pris à
côté les uns des autres les résolutions les plus contraires, mais
les esprits les meilleurs et les plus ordinairement d'accord ne
sont pas encore parvenus à s'entendre sur les points les plus
décisifs. Par là ces questions de méthode ou de science se trans-
forment en discussions ou en instruments politiques : la liberté
de l'enseignement paraît tour à tour, suivant la bonne foi ou
les passions des partis, le plus légitime des droits ou la plus
dangereuse des menaces : les législations vivent d'expédients,
les opprimés de subterfuge, tout le monde d'attermoiements et
d'incertitudes.

Nous avons examiné une à une les étranges prétentions de
ceux qui méconnaissent les droits les plus inviolables de la
conscience humaine et de l'autorité paternelle. Nous avons stig-

matisé comme elle le méritait cette instruction laïque et obligatoire, dont l'opinion publique se fait à bon droit un spectre depuis que nos adversaires en veulent faire un attentat.

La formation du caractère, c'est-à-dire de l'homme moral, achève la tâche de la famille ; elle en est le couronnement, puisqu'en définitive l'homme sera jugé non point précisément sur ce qu'il aura dit ou pensé, mais sur ce qu'il aura fait.

Ici encore nous avons eu à examiner d'une façon sérieuse la tendance visible de notre époque à exiler l'enfant loin du foyer domestique. Il y a là, pour la conduite de l'enfance et la préparation de la jeunesse, une tâche délicate et spéciale qui incombe tour à tour et d'une façon diverse, tantôt au père et tantôt à la mère. La plupart des époux ne songent point assez à faire entre eux ce départ nécessaire de l'autorité. Loin de chercher les conditions de cette harmonie, ils ne s'avisent même pas d'en faire le discernement. L'interversion du rôle du père et de la mère nous a paru entrer pour beaucoup dans l'affaiblissement, pour ne pas dire dans la perte de l'autorité paternelle.

L'exemple joue dans l'éducation le même rôle que la méthode dans l'enseignement. Il a, dans l'ordre moral, la même influence, le même pouvoir, les mêmes conséquences. Et cependant, il faut le dire, l'exemple dans l'ordre le plus élevé est précisément ce qui manque le plus à un grand nombre de familles. L'exemple manque aux enfants parce qu'ils sont absents et enfermés, parce que, malgré leur présence matérielle à certaines heures, la vie réelle de leur père et de leur mère ne s'accomplit pas sous leurs yeux. L'exemple leur manque enfin là où il est le plus nécessaire, où toute contradiction des faits et des idées est le plus inévitablement funeste, je veux dire dans l'ordre religieux.

Beaucoup de pères de famille se placent dans cette situation logique inacceptable de prétendre à élever leurs enfants dans les pratiques de la foi, tandis qu'eux-mêmes par leur abstention avouent ouvertement leur hostilité ou tout au moins leur indifférence. Ils discréditent ainsi par leur conduite ce qu'ils recommandent par leurs discours, et ils ne savent pas discerner l'impuissance dont ils se frappent ainsi aux regards des enfants qui se taisent mais qui les jugent.

Tout cet ensemble de soins moraux, intellectuels, physiques, n'est possible et réalisable qu'à une seule condition, c'est que le milieu matériel dans lequel se développe la famille réponde dans une juste mesure aux exigences des besoins.

Pour arriver à ce résultat, l'homme et la femme travaillent; ils s'efforcent de produire l'utile et de l'avoir ainsi à leur disposition.

Arrivés là, nous avons constaté que nous abordions un point de vue nouveau. Après avoir étudié la famille dans l'ordre naturel, nous la considérons dans son régime civil, au moment où elle produit par l'exercice de son activité matérielle une représentation extérieure d'elle-même.

L'origine des richesses n'est point telle que des doctrines intéressées la supposent. Il ne faut pas se représenter les biens de ce monde comme une table toute servie où l'on n'aurait d'autre peine que celle de prendre place et de s'asseoir, ou, si l'on veut une comparaison plus familière, comme un gâteau dont on viendrait réclamer sa part. A l'origine, il n'y a point de richesse; il faut que l'homme la crée de ses propres mains pour qu'elle commence à exister. C'est aux païens qu'il appartenait de nous représenter la Nature comme une mère féconde et prévenante, présentant d'elle-même ses mamelles à la faim dévorante du premier homme. Le chrétien sait que les choses ne se passent pas ainsi. Le monde physique a été maudit en même temps que nous-mêmes dans la personne d'Adam, et la terre révoltée ne nous donne plus que des ronces et des épines. C'est au travail qu'il appartient de la réhabiliter, de lui rendre sa fécondité perdue, et de la ramener à sa destinée première qui est de produire pour le service du genre humain. Le travail fait ainsi passer d'abord dans le sol, et ensuite dans chacun des objets matériels qu'il prépare pour notre usage, une part réelle de notre activité, de notre intelligence, de notre vertu. Voilà pourquoi la nature ainsi transformée en objets utiles reçoit un nom nouveau qui proclame ce caractère sacré : elle s'appelle la *Propriété*; et vous vous rappelez comment, partant de cette définition, nous avons répondu aux objections présentées avec tant d'audace contre cette forme de notre individualité.

La loi humaine n'a point à fonder la propriété : son principe ne dépend pas d'elle. Le seul devoir qu'elle ait à remplir consiste à prendre des dispositions qui en consacrent l'inviolabilité et qui en assurent l'usage. Nous avons dû, à ce propos, jeter un regard sur les différentes législations qui se sont succédé parmi les peuples. Nous avons montré ce que ces législations diverses ont laissé à désirer, et comment ces imperfections des codes ont entraîné dans le régime social des conséquences auxquelles ont fini par succomber les civilisations les plus fortes.

La propriété n'est pas faite seulement pour être acquise ou possédée; il faut encore qu'elle puisse être transmise en toute sécurité et en toute justice par la vente ou par le testament. Ce dernier acte de la vie humaine, comme l'a fait remarquer le philosophe Leibnitz, a pour fondement et pour principe l'immortalité de l'âme. Le père ne se survit pas seulement dans la personne de ses enfants qui le continuent, mais son âme est présente dans la famille par la persistance de sa volonté une fois déclarée. C'est là ce qu'avait admirablement compris la législation romaine, qui mettait le testament au premier rang des droits et des devoirs du citoyen. Rien n'intéresse plus directement la famille; et l'on peut dire sans exagération que la paix, la sécurité, la grandeur morale, la prospérité matérielle du foyer domestique, dépendent pour la plus grande partie de la façon dont le testament est pratiqué.

Nous avons pu nous convaincre de cette vérité en jetant un rapide coup d'œil sur les vicissitudes de cette législation. Nous avons vu les excès les plus opposés tour à tour érigés en principes. Ici nous avons dû, pour ne point taire la vérité, aborder franchement la critique de notre Code civil. Nous avons dû revendiquer la liberté testamentaire du père de famille, si souvent et si mal à propos confondue avec le droit d'aînesse dont elle est la plus directe contradiction. On ne sait en vérité ce qui doit nous étonner davantage, ou de l'étrangeté des préjugés répandus à cet égard, ou de la légèreté avec laquelle on les accueille. On ignore presque généralement que la division si impérieusement prescrite par notre Code n'est pas seulement, comme on le répète, une cause d'affaiblissement pour les grandes familles, mais encore et surtout une calamité pour les fortunes médiocres, une ruine pour les pauvres gens. Il y a là évidemment une réforme essentielle à accomplir, et il est temps que la France renonce ici comme ailleurs à la pratique des idées révolutionnaires.

Cette dernière question a terminé notre cours de l'an passé. Nous avions ainsi parcouru ce qui regarde la famille considérée dans l'ordre naturel et dans l'ordre civil. Il ne nous aurait pas même été possible de parcourir en aussi peu de temps un aussi vaste cadre, si le travail personnel des auditeurs n'était venu s'ajouter aux leçons qui ont pu être faites. Nos conférences n'ont donc été, comme doit l'être tout enseignement sérieux, qu'une direction générale et qu'une occasion de recherches. Je ne saurais assez me louer de l'attention avec laquelle j'ai été suivi et de l'intelligence avec laquelle j'ai été commenté.

II

Il me reste maintenant, Messieurs, après vous avoir rendu compte du passé, à vous entretenir brièvement de l'avenir.

Nous allons aborder une question considérable et qui, malheureusement, n'est plus bornée aujourd'hui aux régions sereines de la science. Il règne, à l'heure où nous parlons, une sorte d'anxiété d'un bout à l'autre du monde européen, et jusque dans les régions lointaines de l'Amérique. C'est peut-être ainsi, et avec une appréhension semblable, que les nations païennes entendaient parler de ces barbares dont elles étaient menacées. Leurs terreurs n'étaient pas vaines, et nous savons par le témoignage de l'histoire combien elles avaient raison de prévoir ce flot qui s'amassait lentement à leurs frontières. Je n'ose pas et ne voudrais pas dire qu'il se passe rien de pareil à l'heure où nous sommes. Toutefois, si nous voulions chercher de quel côté pourraient nous venir les barbares, ce n'est point au dehors qu'il faudrait regarder, mais dans les étages inférieurs de notre propre civilisation. Il y a précisément, dans l'ordre ouvrier, une multitude déclassée que la désorganisation des métiers, la cupidité des convoitises, la discipline des partis provoquent à toutes les erreurs, en attendant qu'elles les entraînent à tous les crimes. Cette multitude apparaît comme une sorte de poussière humaine livrée à toutes les incertitudes du marché, à toutes les fortunes d'engagements précaires. Ces unités, semblables aux atomes qui voltigent dans un rayon de soleil, finissent par obéir à des lois mystérieuses qui les agrégent, les fixent, et les immobilisent dans une masse compacte. Il y a là alors, entre les mains de ceux qui l'ont constitué, un instrument terrible, suffisant pour ébranler les civilisations les plus solidement assises. L'*Internationale* peut être considérée comme le type de ces associations malfaisantes, et l'effort des sociétés pour s'en défendre donne la mesure des périls qu'elles en ont à redouter.

Ces questions ouvrières s'éclairent d'un jour tout nouveau, dès qu'au lieu de les débattre dans la région exclusive et obscure des intérêts, on les rattache, comme il faut le faire, aux principes de la science sociale, dès qu'on lui applique la méthode suivant laquelle nous avons procédé jusqu'ici.

Le vrai point de départ consiste à considérer l'ouvrier et le patron comme devant reproduire, dans l'ordre économique, les rapports internes sur lesquels se fonde la famille. Le régime industriel, c'est, dans toute la force de la vérité, la famille exerçant son activité dans la sphère économique et donnant ainsi naissance à l'utile.

Je compte vous faire voir, Messieurs, que, malgré les rigueurs ou les iniquités de tant de civilisations qui ont précédé la nôtre, ce point de vue patriarcal et domestique a toujours été dominant. C'est même par là, par la puissance et pour ainsi dire par la détente des mœurs, qu'ont pu se maintenir si longtemps des dispositions cruelles auxquelles il semble tout à fait que la nature humaine ne puisse résister.

Nous aurons à étudier, sous ce point de vue, la condition du travailleur dans les temps antérieurs à la venue de Jésus-Christ. Je vous montrerai comment l'esclavage, si inflexible et pour ainsi dire si inconcevable dans son expression légale, a trouvé un tempérament dans cette cohabitation perpétuelle, dans cette continuité de rapports entre le maître et le serviteur. Au reste, il est vrai de dire, sans aucune exagération et sans aucun paradoxe, que l'ouvrier, tel que nous l'avons sous les yeux, avec le régime nouveau du payement à l'heure et au tarif, avec des engagements sans responsabilité et sans durée, avec les grèves et les coalitions, les associations anonymes et irresponsables, cet ouvrier n'a jamais existé nulle part, si ce n'est depuis les premières années de ce siècle. Ni l'esclavage dans l'antiquité, ni les colléges d'artisans au Bas-Empire, ni le serf à l'époque du régime féodal, ni la corporation ou confrérie au moyen âge, n'ont présenté rien d'analogue aux phénomènes que nous avons sous les yeux, et je ne regarderai pas comme un des moindres résultats de ce cours d'avoir ainsi écarté tout d'abord, dans une question aussi considérable, des comparaisons sans fondement et des rapprochements sans portée.

Nous aurons à étudier successivement trois formes du travail : le travail personnel dans le régime patriarcal, le travail industriel dans les limites de l'atelier domestique, le travail manufacturier dans le système de la grande production.

Nous serons frappés de voir comment les mêmes phénomènes et les mêmes questions que nous avons déjà rencontrées en nous occupant des lois naturelles de la famille, se reproduisent dans les mêmes termes et dans les mêmes conditions lorsqu'il s'agit du travail ouvrier.

L'enfant, le mineur, la jeune fille, la femme, ne doivent-ils pas être, de la part de la loi, l'objet d'une protection spéciale ? Dès que le Code est autorisé, dans l'intérêt de la morale et au nom du droit, à prendre en main la cause de l'enfant opprimé, à demander compte au père des abus et des excès de son autorité, il est trop visible que le fabricant ou le chef d'atelier, délégués par la puissance paternelle qui seule l'investit du droit de se faire obéir, ne saurait, en aucun cas et sous aucun prétexte, s'arroger des immunités ou des licences réprimées par la loi chez les parents.

Le malheur est que ces principes viennent se heurter contre les doctrines matérialistes de l'offre et de la demande, de la libre concurrence et autres maximes érigées par les publicistes de ce temps en une sorte de fatalité. C'est pour eux comme un autre dieu Moloch auquel ils sacrifient, non pas sans regret, mais sans pitié, ces moissons naissantes d'enfants dont la morale, écartée par l'intérêt, est obligée de détourner les yeux. Cette loi du travail des enfants dans les manufactures, les écrits qui en ont été publiés et les discussions qui ont été soutenues à ce sujet, ont fait éclater, comme nous le verrons en détail, un désaccord profond qui ne cesse d'exister, là comme ailleurs, entre la véritable science sociale, laquelle est éminemment chrétienne, et cette économie politique contre laquelle nous nous sommes élevés déjà bien des fois. Vous aimerez, Messieurs, à chercher le régime auquel devraient être soumises nos manufactures pour concilier, dans la mesure de la justice, les intérêts des patrons et les devoirs envers l'enfance.

Plus nous étudierons ce sujet, et plus nous arriverons à nous convaincre que la plupart des difficultés soulevées aujourd'hui tiennent à l'absence de rapports permanents et durables entre le maître et l'ouvrier. Cette condition inouïe à laquelle se trouve réduite le travailleur moderne, l'a conduit à chercher un point d'appui et une direction en dehors de la classe dirigeante. Comme me le disait l'un d'entre eux, non sans quelque amertume, il leur arrive souvent de n'avoir pas d'autre rapport avec le fabricant qui les emploie que de passer la main par le trou du guichet pour y recevoir une pièce d'argent. Cette indifférence qu'on pratiquait ainsi vis-à-vis d'eux s'est tournée en révolte dans leur âme, et, sous prétexte de créer une association pour leur défense, ils ont fini par recruter une armée pour l'attaque. Rien ne nous paraîtra plus curieux à pénétrer dans tous ses détails que le mécanisme de ces associations diverses. Nous chercherons comment l'idée économique et sociale a fini par être travestie ou abandonnée, et comment les vues politiques les plus fausses ont pu prévaloir dans tant d'esprits contre le bon sens et la justice. Il est bien certain, par exemple, que l'*Internationale* telle qu'elle est prêchée et pratiquée aujourd'hui, n'est pas autre chose que la réapparition de l'esclavage antique, qu'une réorganisation de la servitude au profit de quelques personnalités anonymes, et que le travailleur, loin d'y trouver un aide et un appui, n'en retire qu'une diminution de lui-même, qu'un affaiblissement de sa responsabilité, qu'une tyrannie impérieuse servie par de perfides calculs et à laquelle il n'est bientôt plus en mesure de refuser son obéissance.

Il n'est pas étonnant qu'en présence de maux aussi certains et aussi profonds, on ait essayé de faire quelque chose.

Notre temps se trouve, à son tour, comme les différentes périodes qui l'ont précédé, entre des réformes difficiles à entreprendre et des palliatifs beaucoup plus aisés à découvrir, des réformes laborieuses qui réclament une étude approfondie des questions en même temps qu'une résolution vaillante pour mettre à profit ce qu'on aura découvert et des palliatifs plus séduisants pour l'imagination, bien que souvent ils présentent l'inconvénient suprême de perpétuer le mal au lieu de le détruire.

Nous rangerons en trois classes les différentes institutions qui ont été tentées ou proposées pour porter remède à la situation de la classe ouvrière : institutions judiciaires, économiques, religieuses, nous réservant, à mesure que nous nous occuperons de chacune d'elles, d'en marquer la portée et d'en apprécier la valeur.

La justice consulaire, les tribunaux de prud'hommes dans les différentes classes de métiers, les réunions d'arbitres, les chambres syndicales, sont autant de formes par lesquelles se traduit d'une façon plus ou moins légitime, plus ou moins exacte, le désir de maintenir et de pratiquer les usages et les coutumes traditionnels de chaque profession. Il ne s'agit en aucune façon de légiférer à la manière des jurisconsultes, ni de substituer les commentaires du droit écrit à ce bon sens héréditaire dont les anciens du métier sont les dépositaires et les organes. Il s'agit bien moins encore d'employer cette espèce de magistrature domestique à faire pénétrer dans les esprits, sous prétexte de progrès, de réforme ou de conquête sociale, les théories et les aspirations du moment.

Nous aurons donc à instituer une enquête sévère, sur les prétentions qu'on élève de toutes parts. Des hommes, dignes pour tout le reste de la plus haute confiance, n'hésitent pas, dans leur ignorance des faits et dans leur oubli des principes, à appuyer de leur patronage les entreprises les plus étranges et les prétentions les plus subversives. Ils prêtent ainsi l'autorité de leur vertu et le crédit de leur expérience à des doctrines qui leur dérobent leur côté faible et antisocial. Je ne veux pas, Messieurs, anticiper sur les résultats auxquels nous devons parvenir ni sur les études que nous allons entreprendre, mais il m'est bien permis de dire que vous serez étonnés vous-mêmes du spectacle de tant d'imprudence et de tant d'erreurs.

Les institutions économiques sont peut-être celles que notre époque a le plus multipliées et en qui elle a une plus entière confiance. Elles sont assez nombreuses pour qu'on y puisse introduire une subdivision et distinguer parmi elles celles qui ont plus particulièrement en vue, ou le développement industriel et financier, ou l'influence morale sur la condition des âmes.

Parmi les institutions économiques établies en vue de la prospérité matérielle, il faut mettre au premier rang les institutions de crédit, les banques populaires, les prêts d'honneur, et en général, tout ce qui tend à mettre, sous une forme ou sous une autre, le capital entre les mains de l'ouvrier.

C'est là que se place un problème sur lequel personne d'entre nous ne saurait se dispenser d'avoir une opinion.

Que faut-il penser des sociétés coopératives ? Elles sont, comme vous le savez, de plusieurs sortes. Il en est, mais en fort petit nombre, dont le dessein est particulièrement commercial et qui se consacrent aux opérations d'échange ; mais la plupart d'entre elles, celles dont nous entendons constamment parler, sont des sociétés coopératives ou de consommation ou de production. Elles sont instituées pour diminuer le coût des achats relatifs à la vie usuelle, ou pour permettre aux salariés de se passer du capital, du fonds de roulement, et, ce qui est bien plus caractéristique, de la direction morale et industrielle.

Bien que récemment inventées, ces sociétés ont déjà leur histoire, leurs traditions, et presque leurs légendes. C'est une expérience qui s'est faite très-vite, et dont il n'est plus permis aujourd'hui d'ignorer les résultats décisifs. Nous y donnerons, Messieurs, toute l'attention et tout le temps nécessaires. Nous nous efforcerons de faire abstraction des préjugés contemporains pour juger les choses comme il convient, au point de vue de la vérité.

Les institutions économiques créées en vue d'exercer une influence morale sur les ouvriers ne sont ni moins nombreuses ni moins accréditées. Quelques-unes d'entre elles ont même reçu de la part de l'État des encouragements faits pour leur donner je ne sais quel air ou quelle intention d'institution sociales et politiques. Les gouvernements ne sont pas plus que les particuliers préservés du péril de se tromper ou de la tentation d'exploiter à leur bénéfice leurs propres recommandations.

Quoi qu'il en soit des éloges que nous aurons à distribuer ou des réserves que nous aurons à faire, rien de plus intéressant que de connaître à fond les Caisses d'épargne, les Caisses d'assurances et de retraite pour la vieillesse, d'étudier le problème de la participation des ouvriers aux bénéfices. Je ne fais, bien entendu, qu'indiquer les questions en passant, et vous voyez, sans que j'aie besoin de m'y appesantir davantage, jusqu'à quel point une erreur ou une méprise peut aller contre le but qu'on se propose et affaiblir le caractère moral au lieu de le relever.

Nous aurons à traiter d'une façon toute particulière des sociétés de secours mutuels. Beaucoup de personnes y ont vu un moyen de remplacer, ou peut-être même de ressusciter les anciennes corporations. Leur développement a constitué, pendant la durée du second Empire, un phénomène social d'une importance énorme.

Parmi ces sociétés de secours mutuels, les unes ont conservé, non sans une intention bien arrêtée, un caractère purement laïque; les autres, avec non moins de franchise et de décision, ont donné à leurs assemblées comme à leurs intentions et à leurs motifs un caractère ouvertement religieux. Je n'ai pas besoin de nommer les Saintes-Familles, les sociétés de Saint-François-Xavier, de Saint-François-Régis, dernièrement même, au Congrès de Nantes, il a été mis sous les yeux de l'assemblée non plus un de ces plans dont la destinée est de rester souvent à l'état de projet, mais une organisation complète d'une usine chrétienne, organisation consacrée par une série non interrompue de succès.

C'est à cette idée chrétienne et religieuse qu'il faut revenir pour rendre à l'ouvrier les vertus morales dont l'organisation économique a besoin. Dans cet ordre de choses qui repose non plus sur la rigueur des droits revendiqués par l'inférieur, mais sur la responsabilité des devoirs imposés au supérieur, tout change de face : l'accord des âmes se substitue à la lutte des intérêts, laquelle devient inévitablement la rivalité des passions. Toutes les difficultés sociales que soulèvent, par exemple, les coalitions et les grèves se trouvent, non pas réglées comme on en poursuit le chimérique espoir, mais écartées et surtout prévenues, ce qui est peut-être leur seul remède et leur seule solution.

Il ne s'agira point pour nous, Messieurs, de recommencer une fois de plus la description du pays de Salente ou de l'île d'Utopie. Le fruit de nos recherches sera d'avoir montré que les lacunes de l'ordre économique tiennent à des lacunes de l'ordre moral. Il n'est pas besoin de presser sur les conséquences pour admettre que l'ordre rétabli dans la région des principes doit répandre la paix et l'harmonie jusque dans les relations aujourd'hui les plus troublées et les plus ennemies.

Ce retour aux idées chrétiennes et à de meilleurs rapports entre les ouvriers et les patrons ne saurait être, comme l'imagine mal à propos l'orgueil démocratique, une sorte de revendication et de conquête à main armée. L'emploi de la force, même et surtout lorsqu'elle a pour elle l'avantage du nombre, est d'un pauvre et misérable secours. Les triomphes de la force brutale sont si dangereux qu'ils parviendraient bientôt à compromettre la justice elle-même.

Ce n'est donc point, là comme ailleurs, par une action violente de bas en haut, mais par une influence morale de haut en bas que doit s'accomplir cette réforme indispensable. C'est là l'œuvre propre des classes dirigeantes qui, depuis trop longtemps, paraissent chez nous trop peu soucieuses de connaître et d'accomplir leur devoir. Cette indifférence pour la vérité sociale, cet abandon de leur influence politique, cette désertion de leurs obligations individuelles ont entraîné chez nous de grands malheurs. Il est temps que nous rentrions par ce côté dans la tradition commune des peuples civilisés. Nous aurons ici, Messieurs, à constater le mouvement le plus heureux et l'impulsion la plus vive. Pendant que la science séparée de la foi s'épuisait en discussions honorables mais infructueuses, l'inspiration chrétienne multipliait les efforts et les œuvres pratiques. C'est par ce tableau consolant que j'espère terminer mon cours de cette année. Nous resterons ainsi fidèles jusqu'au bout à cette méthode d'observation spiritualiste qui part tout à la fois des faits et des principes, pour suivre dans l'ordre social l'épanouissement de la vérité, laquelle se résout dans la pratique du bien.

———

Le discours prononcé le 18 novembre 1873 par le Révérend Père Bayonne, à l'ouverture de son cours de Philosophie, n'avait pas été écrit; par suite d'une erreur regrettable il n'a pas été recueilli.

Nous sommes contraints de résumer seulement en quelques lignes l'objet de sa leçon d'ouverture.

Le professeur a traité de l'*Histoire* de la philosophie, de ses *Sources* et de sa *Méthode*, qu'il a comparée avec celle de la philosophie moderne.

Il a montré que cette *Méthode* était à la fois *expérimentale* et *rationnelle*; que, s'appuyant, d'une part, sur l'*observation* externe et interne, et, de l'autre, sur la *spéculation*, elle préservait des erreurs engendrées par toute méthode *exclusive*, du matérialisme et du positivisme, du subjectivisme et du psychologisme, de l'idéalisme et du panthéisme; que, *tenant fortement les deux bouts de la chaîne*, les êtres et les idées, la création et Dieu, elle rattachait *dans une vaste synthèse* la *Science* à la *Philosophie* et la *Philosophie* à la *Révélation*; et enfin que, bien comprise et bien appliquée, elle répondait parfaitement aux *exigences* et aux *besoins* de l'esprit contemporain, en leur donnant la base la plus solide et le plus beau couronnement.

PARIS. — TYPOGRAPHIE LAHURE
Rue de Fleurus, 9

EXTRAITS DES STATUTS DE LA SOCIÉTÉ.

Art. I⁵. La Société a pour but de travailler à la propagation et au perfectionnement de l'instruction, fondée sur l'éducation religieuse.

Art. II. Elle étudie toutes les questions qui se rattachent à l'enseignement.

Elle se propose de favoriser la création d'écoles, de cours et de publications.

Art. III. Elle est dirigée et administrée par un Conseil résidant à Paris.

Art. IV. Elle se compose de membres actifs, de membres correspondants et de membres souscripteurs.

Art. V. Les membres actifs, répartis en plusieurs Comités, s'occupent, dans chacun d'eux, d'études et de travaux distincts.

Art. VI. Les membres correspondants provoquent les adhésions et les souscriptions.

Ils adressent au Conseil les communications qui sont de nature à intéresser la Société.

Art. VII. Les membres actifs et les membres correspondants sont admis par le Conseil sur la présentation de deux membres.

Leur admission est proclamée dans une des séances générales.

Ils payent une cotisation annuelle de 10 fr. et reçoivent le Bulletin de la Société et ses diverses publications.

Art. VIII. Les membres souscripteurs sont ceux qui, sans prendre part aux travaux de la Société, veulent concourir au but qu'elle se propose, par le versement d'une souscription dont le minimum est de 1 fr.

Une souscription annuelle de 5 francs donne droit à recevoir le compte rendu des Assemblées générales de la Société.

Art. IX. Le titre de fondateur sera décerné, en Assemblée générale, à tout membre qui aura fait agréer par le Conseil un don de 500 francs au moins, versé en une seule fois ou en cinq annuités de 100 francs.

Typographie Lahure, rue de Fleurus, 9, à Paris.

www.ingramcontent.com/pod-product-compliance
Ingram Content Group UK Ltd.
Pitfield, Milton Keynes, MK11 3LW, UK
UKHW020210130726
13696UKWH00002B/837